가축을 덮쳐 피를 빠는 잔인한 몬스터 '추파카브라'. 아메리카 대륙 각지에서 수많은 사람들에게 목격된 바 있다. 이런 괴물이 이 세상에 정말로 존재하는 걸까?

상세한 내용은 38페이지에

몬스터는 실재한다?

키가 3m에 달하는
거대한 플랫우즈 몬스터
(58페이지)

UFO와 함께 목격된
인간 형태의 그레이
(54페이지)

우주에서 찾아온 괴물

슬렌더 맨(49페이지)은
인터넷에 떠돌던
괴담이 현실로
나타난 것일까?

남극에 사는 닌겐(61페이지)
그 존재는 모든 게
수수께끼이다.

세계 어딘가에

1장 있을까? 없을까? 미확인 몬스터

목격 정보는 있지만 실제 존재하는지는 확인되지 않은 미확인 몬스터, 'UMA'. 그들의 정체는 대체 무엇일까?

인간을 위협하며 습격한다!

소년을 잡아가는 거조(토鳥) 선더 버드
(30페이지)

아프리카 오지 사람들에게 두려움의 대상인 모케레 음벰베
(26페이지)

고대 생물의 후손인가?

네스 호에 산다는 네시. 수장룡의 후예일까?
(24페이지)

존재하고 있을지도 모른다!

본 이들은 전부 공포에 질린다!

북구 신화에 등장하는 거인 트롤
(101페이지)

고르곤(79페이지)의 눈을 본 자들은 돌이 된다고 전해진다.

어떻게 이런 형태가 되었을까?

슬라임(100페이지)은 정해진 형태가 없는 몬스터다.

환상 세계에 우글거리는 강력한 몬스터들!

만일 밤길에
만난다면……

거대한 해골의 모습을 한
가샤도쿠로
(116페이지)

털이 덥수룩한 요괴에
살이 출렁출렁한
요괴까지!

털북숭이 케우케겐
(137페이지)

고깃덩어리 같은 모습을 한
늣페후호후
(117페이지)

요괴는 당신 근처에

향유고래와 대등하게
싸울 수 있는 대왕오징어
(140페이지)

인간을 한입에 삼켜 버릴 수
있을 정도로 거대한 메갈로돈
(146페이지)

두려운 초거대 심해 생물

실제로 존재한

새우와 닮은 모습의
거대 생물 아노말로카리스
(150페이지)

캄브리아기의 새우!

4장

정말로 있었다!
거대 몬스터

이 지구상에 실제로 살고 있거나 존재했던 거대 몬스터들이 있다!

지상을 지배했던 흉포한 새!

디아트리마(162페이지)는 몸길이가 2m를 넘어서는 조류다.

거대 몬스터 대공개!

미야모토 사치에 저

비주얼 미스터리 백과 ❻

몬스터 대백과

목차
CONTENTS

권두특집 몬스터는 실재한다?…1

세계의 몬스터
주요 서식 분포 지도…14
이 책의 사용법…16

제1장 있을까? 없을까? 미확인 몬스터 …18

빅풋 / 네시 / 모케레 음벰베 / 선더 버드 / 콩가마토 / 프로그 맨 /
리저드 맨 / 몽골리안 데스 웜 / 추파카브라 / 고트 맨 / 쓰치노코 /
히바곤 / 허니 스웜프 몬스터 / 플라잉 휴머노이드 / 슬렌더 맨 /
아울 맨 / 에일리언 빅 캣 / 저지 데빌 / 그레이 /
플랫우즈 몬스터 / 도버 데몬 / 스카이 피시 / 닌겐

과연! 그렇구나! 몬스터 칼럼

설산에 요괴가 나타났다!…22
공룡은 살아 있다?…28
쓰치노코를 포획하면 1억 엔!…44
에도 시대에 UFO가 왔다?…56

제2장 환상 세계에 사는 전설의 몬스터 …62

드래곤 / 바실리스크 / 우로보로스 / 샐러맨더 / 요르문간드 /
세이렌 / 반어인 / 레비아탄 / 고르곤 / 미노타우로스 / 유니콘 /
하르피아 / 가고일 / 스핑크스 / 헤카톤케이르 / 제홍 / 기린 /
좀비 / 구울 / 슬라임 / 트롤 / 흡혈귀

과연! 그렇구나! 몬스터 칼럼

용과 드래곤은 다른 존재일까?…66
'현자의 돌'과 우로보로스…72
괴물을 쓰러뜨린 영웅들 ❶…82
거대한 스핑크스상의 수수께끼…90
행운을 부르는 몬스터…96
흡혈귀 드라큘라의 정체…104

제3장 요괴 보고 가세요! 일본의 몬스터 …106

오니 / 카마이타치 / 백목귀 / 야마타노 오로치 / 가샤도쿠로 /
눗페후호후 / 텐구 / 우부메 / 우미보즈 / 요괴 짚신 / 깽깽 우산 /
운외경 / 집울림 / 쿠단 / 외발 다타라 / 케우케겐

과연! 그렇구나! 몬스터 칼럼
일본 각지에 남아 있는 오니 전설…110
텐구는 요괴일까 아니면 신일까?…120
괴물을 쓰러뜨린 영웅들 ❷ …124
재앙을 막아 주는 요괴…134

제4장 정말로 존재했다! 거대한 몬스터 …138

대왕오징어 / 둔클레오스테우스 / 메갈로돈 / 틸로사우루스 /
바실로사우루스 / 아노말로카리스 / 바다 전갈 / 쿨라수쿠스 /
아르트로플레우라 / 티타노보아 / 데스모스틸루스 / 디메트로돈 /
디아트리마 / 기간토피테쿠스 / 메가테리움 / 인드리코테리움 /
스밀로돈 / 앤드류사쿠스 / 엘라스모테리움 / 마크라우케니아

과연! 그렇구나! 몬스터 칼럼
크라켄의 전설…142
거대 지네 퇴치 전설…156

마지막으로

당신은 몬스터와 싸울 수 있을까?…172
몬스터 퇴치를 도운 무기 & 방어구…173
몬스터 목격 보고서…175
색인…177
참고 문헌, 사진…180

★북아메리카
- 빅풋
- 선더 버드
- 고트 맨
- 슬렌더 맨
- 플랫우즈 몬스터
- 프로그 맨
- 리저드 맨
- 저지 데빌
- 도버 데몬
- 허니 스웜프 몬스터
- 그레이

★일본
- 쓰치노코
- 히바곤
- 오니
- 카마이타치
- 텐구
- 우부메 등

★아이티
- 좀비

★남아메리카
- 추파카브라
- 플라잉 휴머노이드

★세계 각지의 바다
- 반어인
- 대왕오징어

이 책의 사용법

몬스터의 어원은 라틴어의 'monstrum'으로, '정체를 알 수 없는 공포스러운 괴물'을 의미하며, 원래는 신으로부터의 경고라는 뜻을 가지고 있다. 인간의 상상을 넘어서는 불가사의한 일들이나 놀라운 현상과 마주치면, 이는 위험을 알려 주는 신으로부터의 계시라고 생각했던 것이다. 이 책은 세계 각지에 나타나는 위험한 몬스터들을 소개하고 있다. 최강의 몬스터를 함께 찾아보도록 하자!

포인트
몬스터의 약점 등 주목할 만한 부분을 설명하고 있다.

사이즈
초등학생(145cm 정도의 키)과 몬스터의 크기를 비교한 그림

위험도·레어도
몬스터의 위험 레벨 및 출몰 빈도를 체크

속성 아이콘
몬스터의 속성을 표시한다(오른쪽 페이지를 참조).

메모
알아 두면 도움이 될 수도 있는 토막 지식

넘버
1부터 81까지, 이 책에서 소개하는 몬스터의 순서를 표시한다

사진·그림
몬스터가 실제로 존재했다는 증거를 표시한 것

이름
몬스터가 일반적으로 불리는 이름

데이터
출몰 장소, 크기, 특징이나 성격 등 몬스터의 정보를 표시한다.

용어 설명

UMA	아직 존재가 확인되지 않은 미확인 생물을 총칭한다.
UFO	하늘을 날아다니는 미확인 비행 물체. 우주에서 왔다고 추측한다.
수인	인간처럼 이족 보행을 하는 전신이 털로 뒤덮인 미확인 생물체.
정령	자연의 모든 것에 깃들어 있는 영적인 존재.
신수	신처럼 취급받기도 하는 괴물.
영웅	무예나 지혜가 뛰어나 몬스터 퇴치 등 위대한 업적을 이룩한 인물.
기도	신이나 부처에게 빌어 요괴나 악마의 힘을 약하게 하기 위해 행하는 의식의 일종.
신통력	일반적으로 가능하지 않은 일을 가능하게 하는 영적인 힘. 초능력.

속성에 대하여

넘버 부근에 있는 아이콘은
각 몬스터의 특성을 나타내는 '속성'을 표시하고 있다.
아래 그림에서 대각선상에 있는 속성들은 서로에게 취약한 속성이다.
몬스터의 정보와 조합해 강함을 비교해 보자.

성스러운 빛의 아우라를 몸에 두른 몬스터.
번개를 다루는 것도 있다.

날개 등 비행 수단을 가지고 있어 하늘을 자유자재로 날아다닐 수 있다.

불을 다루는 속성. 불꽃처럼 격렬한 공격력을 가진 몬스터도 있다.

빛

하늘

불

마력

강력한 마력이나 저주의 힘을 가진 몬스터. 본디 인간이었던 것도 있다.

물

땅

주로 물가 근처에 나타나며, 물속에서 자유로이 움직일 수 있다.

산이나 초원, 산림 등의 에너지를 자신의 힘으로 변화시킬 수 있다.

어둠

지옥의 주민이나 좀비 등 어둠의 힘에 의해 태어난 존재.

1장 있을까? 없을까?

미확인 몬스터

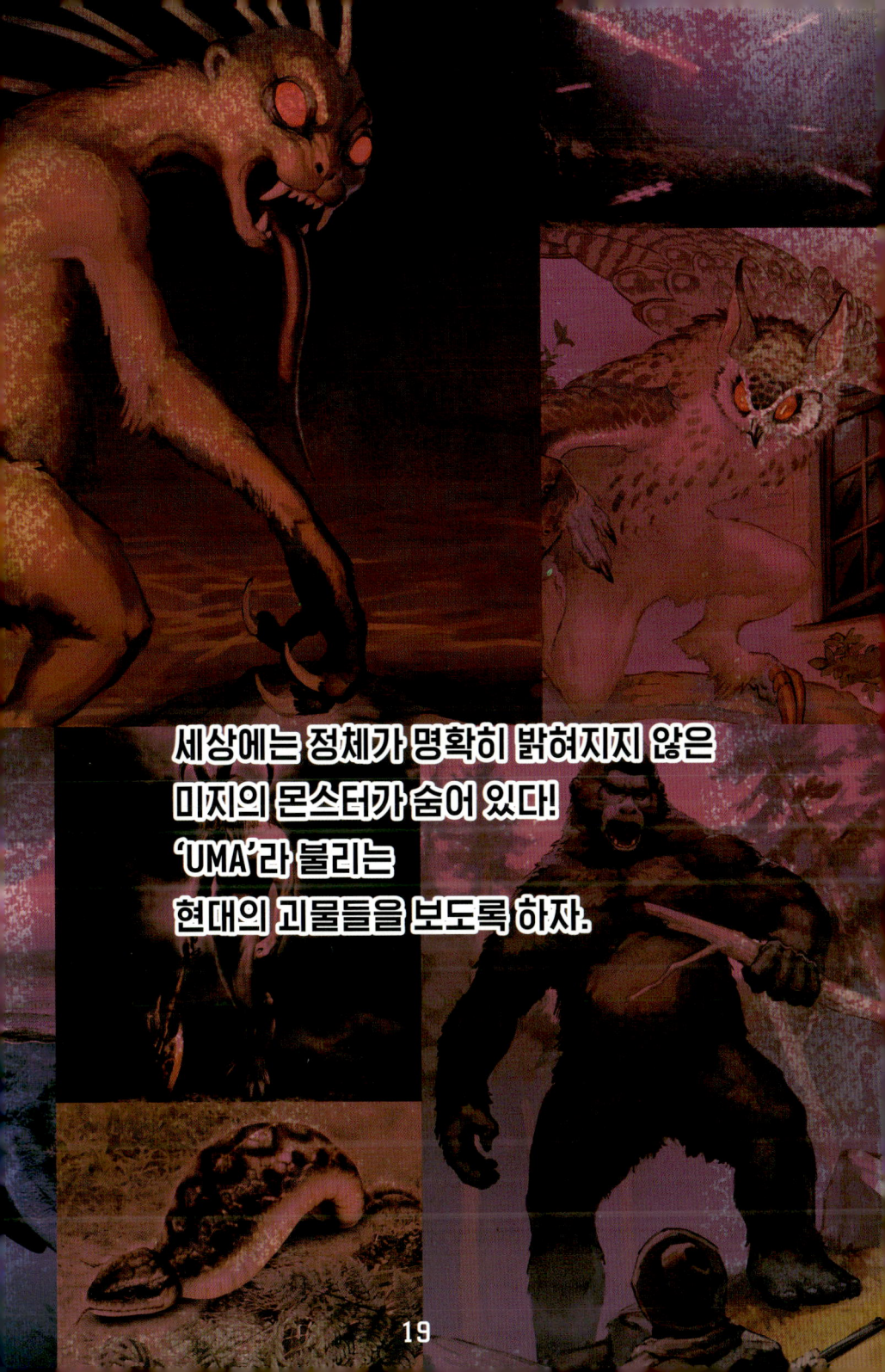

영어로 '큰 발'을 의미하는 빅풋은 이름 그대로 거대한 발을 가지고 있다. 발견된 발자국 크기만 35~40cm. 그 크기로 체중은 200~300kg 정도 될 것으로 추정한다. 미국이나 캐나다의 산악 지대에서 다수 목격되었으며, 1967년에는 산속을 걸어가는 그림자가 16mm 필름으로 촬영되기도 했다.

! 빅풋은 약 30만 년 전에 멸종한 '기간토피테쿠스'의 후예는 아닐까 하는 설이 있다. 다만 기간토피테쿠스는 사족 보행을 했다고 알려져 있기에, 설득력 있는 가설은 아니다.

1장 있을까? 없을까? 미확인 몬스터

SIZE

위험도:
레어도:

DATA
[출몰 장소] 미국, 캐나다 산악 지대
[키] 2.5~3m
[특징] 직립 이족 보행을 하며, 북아메리카의 각지에서 목격되고 있다.
[성격] 기본적으로는 얌전하고 온화하며, 사람에게 피해를 입히는 일은 그다지 없다.

▲ 워싱턴 주의 왈라왈라에 나타난 빅풋의 발자국 석고본

과연 그렇구나! 몬스터 칼럼 Column 1

설산에 요괴가 나타났다!

세상에는 비록 그 모습은 목격된 적이 있으나 생물학적으로 존재가 증명되지 않은 미확인 생물체가 다수 존재하고 있다고 전해진다. 이러한 수수께끼의 생물들을 UMA라고 부른다.

빅풋과 함께 세상에 가장 잘 알려진 수인 UMA가 히말라야 산맥에 나타난다는 예티다. 예티는 네팔어로 '암석 지대의 동물'이라는

▲1951년에 발견된 예티의 것이라고 생각되는 발자국

의미를 가지고 있다. 해발 4,000~7,600m의 높은 지대에서 목격되는 일이 잦다. 키는 약 4.5m의 대형, 2.5m의 중형, 1.5m의 소형, 이렇게 세 가지 종류가 있고, 전신이 검은 털로 뒤덮여 있으며 이족 보행을 한다. 성격은 온화하여 지금까지 예티가 인간을 습격한 적은 거의 없다고 알려져 있다.

네팔의 소수 민족인 셰르파 족에게는 예로부터 예티의 존재가 전설처럼 입에서 입으로 전해져 왔다. 하지만 1899년, 영국 육군 중위인 오스틴 워델이 산에서 기묘한 미확인 생물체의 발자국을 발견하면서, 예티는 더 이상 전설의 몬스터가 아닌 실제로 존재하는 생물체일지도 모른다고 생각되기 시작했다. 그 후, 다수의 탐험가들이 예티 탐색에 나섰다.

◀히말라야의 사원에 보관되어 있는 예티의 두피 중 하나

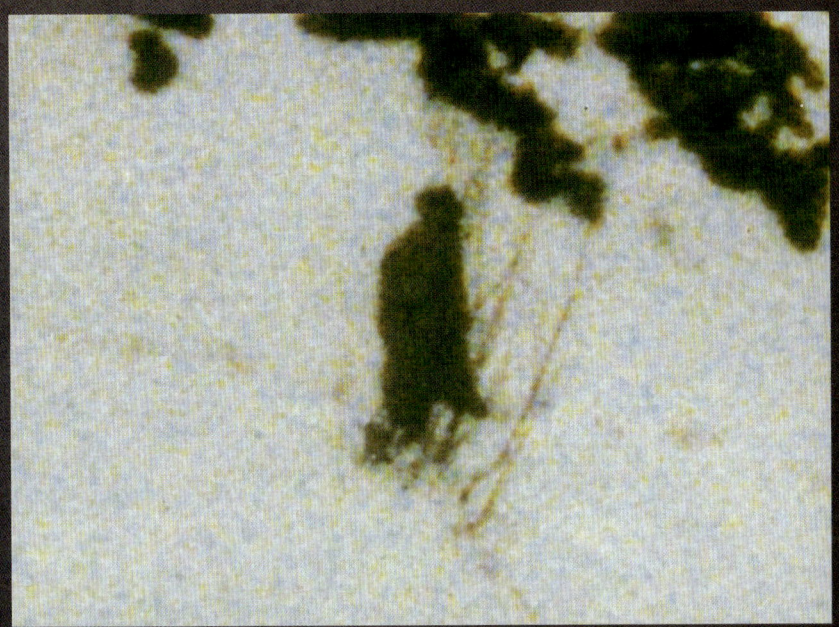

▲히말라야 산속에서 촬영된, 예티로 생각되는 괴물의 그림자

1986년에는 영국 등산가가 예티로 보이는 그림자를 촬영하는 데 성공했다. 그 사진은 거대한 논쟁을 불러 일으켜, '눈 속에서 돌출된 바위가 사람 모양의 그림자로 보인 게 아닐까?' 라고 의심하는 사람들도 많았다.
그러던 와중, 예티의 두피로 보이는 세 개의 물체가 히말라야의 사원에 보관되어 있는 게 알려졌다. 그 두피 중 하나는 후에 학자들의 연구에 의해 히말라야 영양의 모피라는 결론이 내려졌으나, 다른 두개는 전혀 다른 분석 결과가 나왔다.
"털의 성분으로 볼 때 영장류, 특히 인간에 가까운 유인원같은 생물 종류의 것일 가능성을 부정할 수 없다."
예티의 존재를 둘러싼 수수께끼는 끝나지 않았다.

1장 있을까? 없을까? 미확인 몬스터

포인트
머리에는 50~60cm의 크기인 두 개의 뿔이 있다.

Monsters of the World **2**

호수에 숨어 있는 거대한 수생 동물
네시

SIZE

위험도 : ●●●●○
레어도 : ●●●○○

수심 약 200m인 네스 호에 사는 네시는 20세기에 처음으로 발견된 이후 지금까지 4천여 명 이상의 사람들에게 목격되었다. 백악기 때 서식했던 수장룡(首長龍)의 후예일지도 모른다는 설이 있다.

DATA
[출몰 장소] 네스 호 (영국)
[키] 12m
[특징] 목과 꼬리가 길고 둥그스름한 몸통에 두 개의 지느러미를 가지고 있다.
[성격] 그다지 모습을 보이지 않는 것으로 미루어 볼 때 겁이 많은지도 모른다.

▲1977년에 촬영된 네시의 사진. 가짜라고 의심하는 연구자도 있다.

등에 커다란 두 개의 혹이 있다.
포인트

꼬리 길이는 5~6m에 달한다. 목 길이와 거의 같다.
포인트

1장 있을까? 없을까? 미확인 몬스터

아프리카 대륙의 중앙, 콩고 민주 공화국의 정글 오지에 텔레 호수가 있다. 모케레 음벰베는 그곳에 살고 있다. 보통 물속에 숨어 있으나 때때로 육지로 나타나 사람들을 습격한다고 알려져 있다. 이 괴물에 대해 말하기만 해도 죽는다는 속설이 전해져 현지인들은 불길한 괴물이라 생각하여 매우 두려워한다.

> **!** 1959년에 선주민족인 피그미족이 텔레 호수 근처에서 모케레 음벰베를 잡아서 죽였다. 그러나 그 고기를 먹은 전원이 사망했다. 저주 탓이라며 현지 사람들은 두려움에 떨었다.
> MEMO

1장 있을까? 없을까? 미확인 몬스터

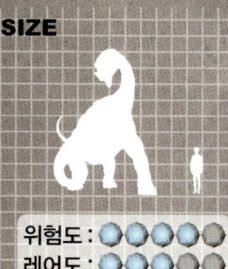

SIZE
위험도: ●●●○○○
레어도: ●●●●○

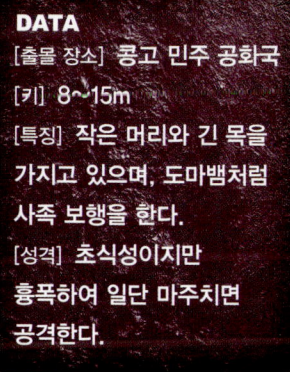

DATA
[출몰 장소] 콩고 민주 공화국
[키] 8~15m
[특징] 작은 머리와 긴 목을 가지고 있으며, 도마뱀처럼 사족 보행을 한다.
[성격] 초식성이지만 흉폭하여 일단 마주치면 공격한다.

▲1966년에 촬영된 공룡의 것 같은 발자국. 모케레 음벰베의 발자국일까?

공룡은 살아 있다?

지금으로부터 약 2억 5천만 년~6천 6백만 년 전까지 지구에는 수많은 공룡들이 번성했다. 공룡 외에도 익룡, 수장룡 등 수많은 거대하고 흉포한 파충류가 바다나 하늘을 포함한 지구의 모든 장소에 군림했다. 이들은 한 1억 9천만 년에 걸쳐 번성을 거듭했음에도 대량으로 멸종해 버렸다. 그 이유로 거대한 소행성이 충돌해 지구의 환경이 급격히 변화하여 거대한 파충류가 살 수 없는 세계로 변해서라고 알려져 있다.

그러나 멸종했을 공룡 종족이 지금도 지구에 존재할지도 모른다는 이야기가 있다. 영국의 네스 호에서 발견된 네시(24페이지)나 아프리카의 호수에 살고 있다는 모케레 음벰베(26페이지)는, 그 특징이나 목격된 모습으로 미루어 볼 때 수장룡이나 공룡과 꼭 닮았다고 한다. 게다가 남아프리카에는 콩가마토(32페이지)라고 불리는 익룡과 비슷한 UMA(미지 동물)도 목격되었으며 2015년 9월에는 미국 아이다호 주에서 마치 프테라노돈(Pteranodon)과 같은 모습을 한 생물이 하늘을 날아다니는 영상이 동영상 사이트에 올라와 큰 화제가 되었다.

대량 멸종을 모면한 공룡이, 지금도 이 지구에 살아남아 있는 건 아닐까? 그리 신빙성이 있는 이야기는 아니지만, 이에 대한 가능성을 나타내는 것이 바로 멕시코의 아캄바로에서 발견된 '공룡 토우'이다.

1945년, 남아메리카의 페루를 탐사하던 아마추어 고고학자인 발데마르

▲아캄바로의 공룡 토우. 스테고사우루스나 알로사우루스와 꼭 닮은 모습의 토우가 있다.

유르스르트가, 아캄바로 교외에서 기묘한 형상의 토우(흙 인형)를 발견했다. 기원전 2500년경에 만들어진 것으로 보이는 다수의 토우 중, 개나 코끼리 등의 동물과 함께 공룡과 꼭 닮은 모습을 한 토우가 있었던 것이다.

공룡 화석이 발견되고 연구가 시작된 것은 19세기 이후의 일이다. 그러나 멸종된 공룡에 대해 알 길조차 없는 사람들이 그 모습을 어떻게 알았을까? 혹시, 고대 사람들은 공룡과 공존하고 있었던 것은 아닐까?

공룡들은 정글이나 호수 깊은 곳에서 조용히 숨을 죽인 채, 다시 한 번 지상의 패자로 돌아갈 날을 기다리고 있는 것일지도 모른다.

인디언 신화로 전해지는 거대한 새
4 썬더 버드

포인트
"키이키이", "기이이이-" 하는 울음소리를 내며 날아다닌다.

포인트
인디언 전설에 의하면 썬더 버드는 천둥 번개를 일으키는 신의 새라고도 한다.

▶ 아르젠타비스의 재현 표본. 선더 버드의 정체일까?

1장 있을까? 없을까? 미확인 몬스터

> **MEMO**
> 800만 년 전에 남아메리카에 살았던 아르젠타비스라는 고대 새의 후예는 아닐까 하는 설이 있다.

1977년, 미국 중부의 일리노이 주 론데일에서, 집 정원에서 놀던 10살 소년을 갑자기 거대한 새가 공격했다. 이 새의 날개 길이는 약 3m. 거대한 갈고리 같은 발톱으로 소년을 낚아채 지상 60cm까지 끌어올렸다. 소년이 필사적으로 발버둥 치며 소리를 지르자, 새가 놀라 소년을 놓고 날아가 버렸다고 한다.

SIZE

위험도 : ●●●●○○○○○○
레어도 : ●●●●●○○○○○

DATA
[출몰 장소] 아메리카
[키] 3~4m
[특징] 검고 큰 날개가 있어 콘도르 등의 맹금류와 닮은 모습을 하고 있다.
[성격] 나무 열매나 과일을 주식으로 삼지만 인간을 공격하기도 한다.

늪지를 비행하는 수수께끼의 괴조

콩가마토

Monsters of the World 5

포인트
갈고리 발톱이 달린
박쥐 같은 모양의 날개

포인트
주둥이는 작지만 날카로운
이빨이 빼곡하게 나 있다.

▲ 람포링쿠스의 화석. 날카로운 엄니가 돋아난 주둥이가 무시무시하다.

1장 있을까? 없을까? 미확인 몬스터

> **MEMO**
> 1932년, 미국의 아이반 샌더슨이 아프리카 중부의 카메룬 산지에 있는 협곡에서 콩가마토 두 마리에게 습격당해 총으로 위협해 쫓아냈다는 기록이 남아 있다.

아프리카의 늪지대에 사는, '배를 습격하는 자'라는 의미를 가진 괴조(怪鳥)다. 생김새는 쥐라기 후기에 살았던 익룡 람포링쿠스와 흡사하다고 한다. 자신의 영역에 누군가 침입하면 콩가마토는 "키이이이, 키이이이~." 하는 높은 울음소리를 내어 동료를 부른 뒤 무리를 지어 위협한다고 전해진다.

SIZE

위험도 : ●●●●○○
레어도 : ●●●○○○

DATA
[출몰 장소] 카메룬, 케냐 등지
[키] 1.5~2.5m
[특징] 박쥐 같은 날개와 날카로운 이빨이 돋아난 주둥이를 가지고 있다.
[성격] 흉폭하고 영역 의식이 강해서 사람을 공격하는 일도 있다.

◀ 최근에 촬영된 프로그 맨으로 보이는 미지 생물의 사진

1장 있을까? 없을까? 미확인 몬스터

미국 오하이오 주 러브랜드의 리틀마이애미 강 근처에서, 한 청년이 차를 운전하다가 세 마리의 기묘한 생물을 발견했다. 그 생물은 개구리 같은 얼굴을 하고 있었으나 두 발로 걸었다고 한다. 1972년에는 순찰 중이던 경찰관이 프로그 맨과 조우했다. 양쪽 다 새벽 1시에서 3시 사이에 목격되었다.

> ❗ 프로그 맨은 손발에 물갈퀴가 있으며 등에는 우둘투둘한 지느러미가 달려 있다고 한다. 이 때문에 일본의 갓파와 닮은 몬스터라는 말도 있다.

SIZE

위험도 : ●●●○○
레어도 : ●●●○○

DATA

[출몰 장소] 미국 오하이오 주
[키] 1.2m
[특징] 미끈거리는 피부에 개구리 같은 얼굴을 하고 있다.
[성격] 겁이 많아서 발각되면 바로 도망친다.

Monsters of the World 7

손과 발에 각각 세 개의 손가락과 발가락이 달려 있으며 날카로운 발톱을 지녔다.

포인트

도마뱀과 꼭 닮은 괴물

리저드 맨

위험도: ●●●●●
레어도: ●●●●●

DATA
[출몰 장소] 미국 사우스캐롤라이나 주
[키] 2m
[특징] 붉은 눈에 도마뱀처럼 생긴 얼굴, 몸은 녹색 비늘로 덮여 있다.
[성격] 갑자기 나타나 사람을 덮칠 정도로 사납다.

1988년 6월의 어느 밤, 갑자기 나타난 키 2m 정도의 도마뱀 닮은 얼굴을 한 괴물이다. 괴물에게 습격당한 소년은 차에 올라타 도망쳤으며, 이 사건은 대대적으로 보도되었다.

몽골리안 데스 웜

사막에 사는 거대한 살인 벌레

포인트: 몸에서 전기를 일으켜 동물을 감전사시킨다고 한다.

포인트: 보통 모래 속에 숨어 먹이가 걸려들기를 기다리고 있다.

1장 있을까? 없을까? 미확인 몬스터

8 Monsters of the World

위험도 : ●●●●●
레어도 : ●●●●●

몽골 고비 사막에 살고 있다는 거대한 몬스터. 우기가 되면 지상으로 올라와 지나가는 인간이나 동물에게 독 안개를 뿜어내 죽음에 이르게 한다고 전해진다.

DATA
[출몰 장소] 몽골
[키] 0.5~1.5m
[특징] 거대한 지렁이 같은 모습을 하고 있으며 표피에 검은 반점이 있다.
[성격] 무척 사납고 공격적이다.

Monsters of the World **9**

가축의 생피를 빠는 괴수

추파카브라

포인트
아몬드 모양의 눈은 암흑 속에서도 번들거리며 빛난다.

포인트
먹이의 피를 빨 때는 뾰족해진 혀로 살을 찢고 들어간다.

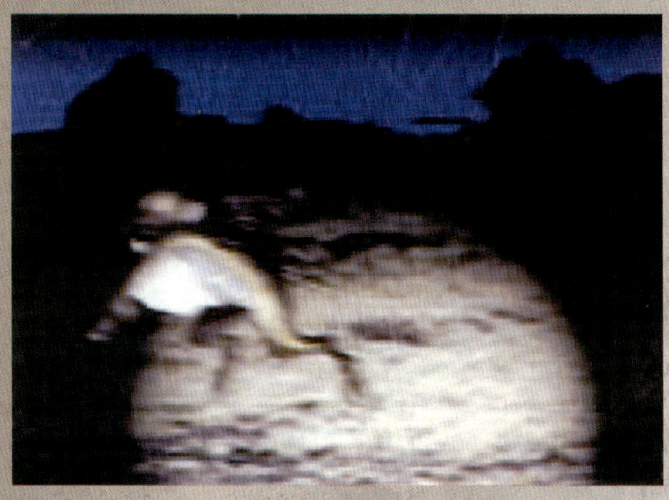

◀ 2001년, 칠레 카마라 지역에 나타난 추파카브라

1장 있을까? 없을까? 미확인 몬스터

아메리카 대륙의 곳곳에서 지금도 목격되는 흡혈 괴수. 소나 닭 같은 가축뿐만 아니라 개나 고양이 같은 반려동물은 물론 사람까지 습격한다고 한다. 2011년에는 멕시코 농가에서 50일 동안 300여 마리의 염소가 추파카브라에게 습격당해 사람들을 공포에 질리게 했다.

> **!** 추파카브라가 나타날 때는 그 근처에서 UFO가 목격되는 일이 무척 많다. 그래서 추파카브라가 외계인이 데려온 생물이 아닐까 하는 이야기가 있다.

SIZE

DATA
[출몰 장소] 아메리카 대륙
[키] 90cm
[특징] 입에는 날카로운 두 개의 엄니가 나 있으며, 끝이 뾰족하고 긴 혀를 가지고 있다.
[성격] 매우 잔인하고 난폭하다. 피 냄새를 맡고 동물을 습격한다.

위험도: ●●●●●○○○○○
레어도: ●●●●○○○○○○

Monsters of the World **10**

인체 실험으로 생긴 괴물일까?
고트 맨

포인트
머리에 난 뿔은 길이가 약 50~60cm에 이른다.

포인트
거대한 도끼로 자동차 앞 유리창을 무참히 부숴 버린다.

◀ 고트 맨이 출몰한다고 전해지는 캘리포니아 주 앨리슨 협곡

1970년, 산에서 하이킹을 하던 청년들이 누군가에게 살해당했다. 간신히 도망친 사람의 증언에 따르면 염소의 머리에 사람처럼 직립 보행을 하는 괴물이 도끼로 습격했다고 한다. 그 정체는 인체 실험이 실패해 탄생한 소름 끼치는 돌연변이 생물은 아닐까라는 설이 있다.

! 고트 맨의 모습은 염소의 머리를 가진 기독교의 악마 '바포메트'와 몹시 닮았다. 바포메트는 마녀들의 숭배를 받고 있다.

제1장 있을까? 없을까? 미확인 몬스터

SIZE

위험도 : ●●●●●
레어도 : ●●●●○

DATA
[출몰 장소] 미국
[키] 2m
[특징] 염소 뿔이 달린 머리에 온몸은 잿빛 털로 뒤덮여 있다.
[성격] 무척 잔인하고 냉혹하다. 사람에게 강한 원한을 가진 것 같다.

일본을 대표하는 UMA
쓰치노코

11

일본 각지에서 목격되고 있는 쓰치노코. 『고사기(古事記)』에 쓰치노코의 존재가 언급되어 있기도 하다. 맥주병 같은 모습을 하고 있으며, 2~3m 높이까지 점프할 수 있다고 한다. 재빠르게 도망치기에 지금까지 쓰치노코를 잡은 사람은 없다.

포인트
먹잇감을 향해 점프해 몸을 부딪혀 타격을 주거나 맹독을 뿜는 경우도 있다고 한다.

포인트
머리는 작은 삼각형이며 목 부분이 잘록하게 들어가 있다.

1장 있을까? 없을까? 미확인 몬스터

SIZE

위험도 :
레어도 :

DATA

[출몰 장소] 일본

[키] 30~80cm

[특징] 뱀과 비슷하게 생겼으나 몸통이 굵으면서도 납작하게 생겼다. 등에 무늬가 있다. 매우 민첩하게 움직인다.

[성격] 혼자서 행동하는 일이 많다.

과연 그렇구나! 몬스터 칼럼 Column 3

쓰치노코를 포획하면 1억 엔!

일본을 대표하는 미지의 생물 중 하나인 쓰치노코. '노드치' 등의 이름으로 1300년 전부터 알려졌던 환상의 동물이다.

1970년대에 전국 각지에서 쓰치노코에 대한 목격 정보가 속출한 것을 계기로 일본 내에서 큰 붐이 일었던 적이 있다. 지금껏 단 한 번도 쓰치노코를 포획한 사람이 없었을 뿐더러 쓰치노코의 사체도 발견되지 않았다. 그렇기에 정말로 쓰치노코가 존재하는가 아닌가에 대해 의심하는 사람들도 많았다. 그러나 목격 사건이 끊이질 않자, 결국 전국 각지에서 대규모의 수색대가 여러 차례 결성되었다. 특히 쓰치노코와 마주친 사람들이 많은 나라 현이나 기후 현, 히로시마 현 등에서는 마을의 부흥을 겸하여 쓰치노코 생포에 거액의 상금을 걸고 대규모의 수색을 전개했을 정도였다. 니가타 현 이토이가와 시의 '쓰치노코 탐색대'에서는 쓰치노코의 생포에 1억 엔(한화로 약 10억 4천만 원)의 상금을 걸었다. 2005년에 결성된 이후 목격 정보가 있었던 노우 강 상류를 중심으로 수색 활동을 펼쳤으며, 많을 때는 100명 이상 참가한 적도 있었다. 참가자는 초등학생부터 60대까지 광범위한 연령의 사람들이 모였다고 한다.

◀1973년에 세이부 백화점이 작성한 쓰치노코의 수배서

▲니카타 현 이토이가와 시에서 실시한 쓰치노코 수색대의 모습. 2015년에 제10회를 맞았다.

보통 쓰치노코의 크기는 맥주병 정도라고 전해지지만 이 지역에서 목격된 쓰치노코는 큰 술병 정도의 크기였다고 한다. 쓰치노코는 날아오르거나 달리지도 않고 가만히 있는 것 같았으나 결국 붙잡지는 못했다.
목격자는 "잠시 눈을 뗀 순간 없어졌다.", "무서워서 도망가는 데에만 정신이 팔려 있었다." 라고 진술했다. 쓰치노코는 그 정도로, 지금껏 본 적도 없는 기묘한 괴물이었다.
쓰치노코는 지금까지도 사람들에게 붙잡힌 적 없는 미지의 동물이다. 여태 언급된 생태 이외에 또 다른 위험이 있을지 어떨지도 알려져 있지 않다. 혼자서 붙잡으려고 들지 말고, 어른들로 이루어진 수색대가 탐색하도록 맡기는 편이 더욱 안전할지도 모른다.

히바 산에 사는 일본의 수인
히바곤

포인트
머리의 털은 몸의 털보다 단단하며 거꾸로 솟아 있다.

위험도 : ●●○○○
레어도 : ●●●○○

DATA
[출몰 장소] 일본 히로시마 현
[키] 1.5~1.7m
[특징] 머리가 크며 전신에 짙은 갈색 털이나 검은색 털이 나 있다.
[성격] 지능이 높으며 온화하다. 사람을 습격하거나 하지 않는다.

히로시마 현 동부의 히바 산 산봉우리에서 목격된 수인이다. 겁이 많아 인간과 마주치면 도망친다. 산에 살고 있으며 사람의 마음을 읽는 요괴인 '사토리'와 비슷한 생김새다.

손과 발에 날카로운 발톱과 물갈퀴가 달려 있는 세 개의 손가락을 가지고 있다.

포인트

13 Monsters of the World

1장 있을까? 없을까? 미확인 몬스터

늪에서 기어 나오는 미끈미끈한 괴인

허니 스웜프 몬스터

위험도 : ●●○○○
레어도 : ●●●○○

DATA
[출몰 장소] 미국 루이지애나 주
[키] 1.5~2m
[특징] 진흙같이 미끈미끈한 체모가 전신을 뒤덮고 있으며 강렬한 악취를 풍긴다.
[성격] 육식성이라 멧돼지 등을 덮쳐 잡아먹으나 큰 소리에 약하다.

미국 루이지애나 주 남부의 허니 아일랜드 늪에 나타난 괴물이다. 스웜프(swamp)는 영어로 '늪'이라는 뜻이다. 악취를 풍기고 있기에 멀리 떨어져 있어도 바로 알 수 있다.

고대 유적의 상공에 나타난 괴물

플라잉 휴머노이드

14 Monsters of the World

포인트
표면은 마치 금속 같은 질감이다. 머리 부분은 삼각형 모양이다.

위험도 : ●●○○○
레어도 : ●●●○○

DATA
[출몰 장소] 멕시코, 미국 등
[키] 1~2m
[특징] 머리와 손발 같은 형태를 한 사람 모양의 비행 몬스터
[성격] 공중을 유영하고 있을 뿐으로 목적이나 성격 등은 알려지지 않았다.

1999년 3월, 멕시코의 테오티우아칸 유적 상공에 나타났다. 인간 같은 형태를 하고 있으나 다수의 촉수를 가진 것도 목격되고 있어, 많은 수수께끼를 품고 있다.

슬렌더 맨

상상 속의 괴인이 현실로 나타났다?

15 Monsters of the World

1장 있을까? 없을까? 미확인 몬스터

> 무수히 뻗어 나온 촉수로 아이를 천천히 몰아넣는다.
> **포인트**

위험도 : ●●●●●
레어도 : ●●●●●

DATA

[출몰 장소] 미국

[키] 1~3m

[특징] 여윈 몸에 비정상적일 정도로 허리가 길고, 어두운 색의 슈트를 입고 있다.

[성격] 일상생활에선 눈치채지 못할 정도로 비밀스럽게 아이들 주변을 배회한다.

인터넷에 투고된 가공의 존재였으나 어느샌가 현실의 유괴 사건에서 다수의 목격담이 들려왔다. 표적이 된 아동은 도망칠 수 없다고 한다!

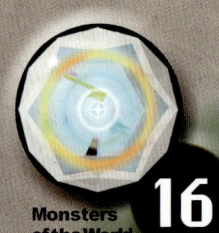

나무 위의 부엉이 인간

아울 맨

16

영국 콘월 주의 모우맨에 있는 한 교회에서 한 자매가 반은 인간, 반은 새의 모습을 한 부엉이 같은 괴물과 마주쳤다. 그 뒤 마을에 사는 10대 소녀들에게 뒤이어 목격되었다. 소녀에게만 보이는 특별한 마물일지도 모른다.

> 발끝에 갈고리 발톱이 달려 있다. 나무 위에서 따각따각 소리를 낸다.
>
> **포인트**

Monsters of the World 17

순간 이동을 하는 거대한 고양이

에일리언 빅 캣

위험도 : ●●●●●
레어도 : ●●●●●

DATA
[출몰 장소] 영국
[키] 0.6~1.2m
[특징] 퓨마나 검은 표범같은 대형 고양잇과 동물과 비슷하다.
[성격] 공격적이며 매우 사납다. 가축이나 야생 동물, 때로는 사람까지도 습격한다.

2002년에 스코틀랜드에 나타난 에일리언 빅 캣은 연기처럼 사라져 버렸다고 한다. 아마도 순간 이동 능력을 가지고 있는 것 같다.

18 Monsters of the World

1장 있을까? 없을까? 미확인 몬스터

포인트
날개를 펼치면 최대 3~4m 정도 된다고 한다.

사람 아기로 변신한다?
저지 데빌

위험도 : ●●●●○
레어도 : ●●●○○

DATA
[출몰 장소] 미국 뉴저지 주
[키] 1.2~1.8m
[특징] 말의 머리에 박쥐의 날개를 가지고 있으며 입에는 날카로운 엄니가 나 있다.
[성격] 흉폭하며 육식성이다. 닭 등의 가축을 습격해 잡아먹는다.

옛날에는 어린 아기가 갑자기 커지거나 악마 같은 모습으로 변신하는 일이 있었다고 한다. 1800년대에는 이 괴물의 날개를 총으로 쏴 꿰뚫었다는 기록이 남아 있다.

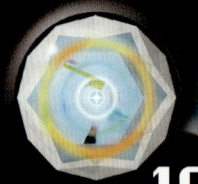

Monsters of the World 19

미지의 지구 밖 생명체일까?

그레이

인간과 비슷한 모습을 하고 있으며 UFO와 함께 나타난다고 한다. 1961년, 미국 뉴햄프셔 주에 사는 힐 부부는 그레이에게 납치당해, UFO로 끌려가 신체를 샅샅이 조사당했다고 주장했다.

납치한 인간의 몸에 칩을 심어 돌려보낸다. 납치된 인간은 기억을 잃는 경우가 많다고 한다.

포인트

DATA
[출몰 장소] 미국 등
[키] 1.2~1.5m
[특징] 작은 몸집의 인간형으로, 회색 피부와 아몬드 모양의 큰 눈을 가지고 있다.
[성격] 소 등 가축의 피를 빨거나 인간을 유괴하는 일도 있다.

SIZE

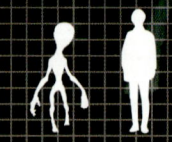

위험도 : ●●●○○
레어도 : ●●●○○

포인트
몸에 비해 머리가 매우 크다. 두뇌가 발달했으며 고도의 지능을 가진 것으로 추정된다.

1장 있을까? 없을까? 미확인 몬스터

과연 그렇구나! 몬스터 칼럼
Column 4

에도 시대에 UFO가 왔다?

에도(1603~1867년) 시대 후기, 현재의 이바라키 현의 해안에 불가사의한 배가 떠내려왔다. 그 모습이 너무나 기묘해 어부들이 바다로 도로 흘려보냈다. 이를 두고 '텅 빈 배 사건'이라고 부르는데, 일본에 UFO가 불시착한 사건일지도 모른다는 주장이 있다.

이는 1803년 봄에 일어난 일이었다. 어느 바닷가 근처에 이상한 모양의 배 같은 것이 둥실둥실 떠 있는 것을 어부들이 발견해 바닷가로 끌어왔다. 그 형태는 향을 담는 용기 같은 타원형이었으며, 상부에는 유리창이 붙어 있었다. 바닥 부분은 철판으로 만들어져 있었다고 한다. 속을 들여다보자, 그곳에는 한 여자가 있었다.

여자는 머리와 눈썹이 붉고 얼굴은 핑크색으로, 이곳 사람이 아니라는 걸 한눈에 알 수 있을 정도로 이국적인 생김새였다. 말이 통하지 않았기에 어디에서 왔는지 물어볼 수 없었다.

배 안에는 그 외에도 물이 든 작은 병과 깔개가 두 장, 과자와 손질한 고기 같은 음식이 있었다고 한다. 여자는 어째서인지 2척(약 60cm) 가량의 네모난 상자를 소중한 듯 안고 있었다. 어부들이 마을의 원로에게 이 일에 대하여 상담하자 그대로 떠내려 보내라는 지시를 내렸다.

그때 배에 새겨져 있던 문자 형태가 영어의 알파벳과 비슷했다는 점에서, 기록자는 혹시 영국이나 미국에서 떠내려 온 이국의 여성은 아닐까 하고 추측하고 있다. 그러나 실제로 이 배와 같은 형태의 배는 지금껏 어떤

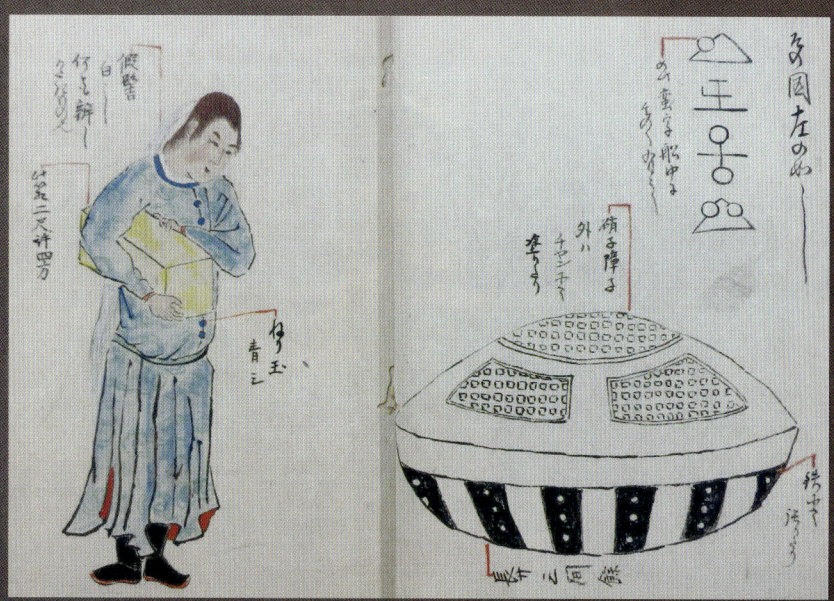

▲이바라키 현의 해안으로 떠내려 온 '텅 빈 배'를 설명하는 에도 시대의 기와판(에도 시대에 찰흙에 글씨나 그림 등을 새겨, 기와처럼 구운 것을 판으로 하여 인쇄한 속보 기사판) 중 하나

나라에서도 만들어진 적이 없다고 한다. 그렇다면 이 배는 대체 어디에서 온 것일까.

여기서 기록에 남겨진 이 배의 스케치를 봐 주길 바란다. 바다를 건너는 배라고 하기보다는 전 세계에서 목격된 미지의 비행 물체와 무척 비슷하지 않은가. 이 배가 하늘을 날았다는 기록이 없는 것으로 보아 어떤 문제로 더는 비행할 수 없게 된 UFO가 일본 근해에 불시착한 것일지도 모른다. 그렇다면 안에 타고 있던 여성은 외계인이라는 말이 된다. 유감이지만 이 배는 어부들에 의해 바다로 떠내려갔기에 진상은 여전히 수수께끼다. 그 뒤, 비슷한 사건이 일어나는 일은 두 번 다시 없었다.

몸에 비해 큰 머리에는 붉게 빛나는 눈과 반들거리는 코와 입이 있다.

포인트

21 Monsters of the World

1장 있을까? 없을까? 미확인 몬스터

어둠 속으로 사라지는 괴물

도버 데몬

위험도 : ●●○○○
레어도 : ●●●●○

DATA
[출몰 장소] 미국 매사추세츠 주
[키] 1.2m
[특징] 인간 어린아이 정도의 키로 머리 부분이 비정상적일 정도로 크고 팔다리가 가늘다.
[성격] 겁이 많아, 인간에게 발견되면 곧 어둠 속으로 사라진다고 한다.

어느 조용한 주택가에 나타난 수수께끼의 괴물. 1977년 4월 21일부터 23일까지 3일간 나타났다고 한다. 모두 한밤중이었으며, 많은 사람들이 목격했다고 한다.

포인트
카메라에 비친 잔상을 스카이 피시로 혼동하기도 한다.

Monsters of the World **22**

초고속으로 비행하는 생명체
스카이 피시

위험도 : ●●○○○
레어도 : ●○○○○

DATA
[출몰 장소] 세계 각지
[키] 몇cm~30m
[특징] 불투명한 흰색이나 무지개 색이며 몸 양쪽에 지느러미가 달려 있다. 지느러미를 헤엄치듯 휘저어 이동한다. 목적은 알려져 있지 않다

스카이 피시는 비디오카메라에 촬영된 영상을 느리게 재생했을 때 우연히 발견되었다. 하늘을 초고속으로 이동하기에 육안으로는 확인할 수 없다.

Monsters of the World 23

남극 바다에 나타나는 수수께끼의 UMA
닌겐

포인트
사람의 팔처럼 보이는 부분은 지느러미 형태를 하고 있다고 한다.

1장 있을까? 없을까? 미확인 몬스터

위험도 : ●●●○○
레어도 : ●●●●○

남극이나 북극의 바다에서 목격된 거대한 하얀 괴물. 실루엣이 인간처럼 보이기에 '닌겐(일본어로 인간)'이라고 불린다. 혹한의 바다에서 살고 있다는 것 외에는 모든 것이 수수께끼이다.

DATA
[출몰 장소] 남극 바다
[키] 10~20m
[특징] 전신이 새하얀 사람 모양의 괴물. 얼굴은 알려져 있지 않다.
[성격] 매우 온화하며 사람이나 선박에 위해를 가하는 일은 없다.

② 장 환상 세계에 사는
전설의 몬스터

드래곤이나 트롤, 슬라임 등
게임이나 소설로 친숙해진 몬스터들.
여러 가지 전설에 생명을 불어넣는
환상의 존재를 따라가 보자!

Monsters of the World

24 세계 최강의 몬스터

드래곤

포인트
거대한 드래곤은 꼬리를 한 번 휘두르는 것만으로도 성벽을 무너뜨릴 수 있다.

포인트
입에서 거센 불길을 내뿜는다. 그 불길은 모든 것을 남김없이 태워 버린다고 한다.

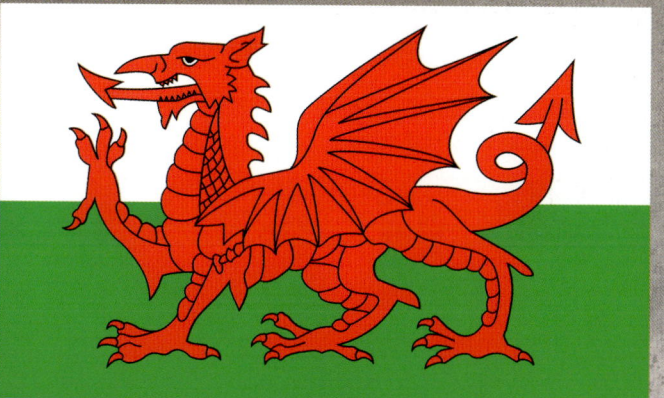

◀ 붉은 용이 그려진 웨일스의 국기. 웨일스는 영국 연방 중 한 나라이다.

2장 환상 세계에 사는 전설의 몬스터

신화 시대부터 전해져 내려오는 대형 파충류 모습을 한 몬스터이다. 뱀처럼 긴 몸통을 가진 드래곤이나 다리가 두 개, 또는 네 개의 다리를 가진 드래곤 등 전해지는 모습에는 여러 종류가 있다. 공격력과 마력이 무척 강하며 때로는 인간이나 신을 적대시하여 격렬한 전투를 벌였다고 한다. 커다란 날개로 하늘을 날며, 독이나 불길을 뿜는 드래곤도 있다.

! 아서 왕 등 고대 영국의 왕들은 드래곤 문장을 깃발 표식으로 삼았다고 한다. 현재도 영국의 문장 등에 자주 사용되는 두 발 달린 드래곤은 와이번이라고 불린다.

SIZE

위험도 : ●●●●●○○○○○
레어도 : ●●●○○○○○○○

DATA

[출몰 장소] 유럽

[키] 1~10m

[특징] 도마뱀이나 뱀 같은 몸통과 네 개의 발을 가지고 있으며 날개가 달린 종류도 많다.

[성격] 강한 힘을 가지고 있으며 대체로 사람을 싫어한다. 사악하고 난폭한 드래곤도 있다.

과연 그렇구나! 몬스터 칼럼 Column 5

용과 드래곤은 다른 존재일까?

서양의 드래곤과 비슷한 전설의 생물로는 용이 있다. 용을 의미하는 영단어가 Dragon(드래곤)이기에, 같은 존재를 가리킨다고 보는 견해도 있으나 용과 드래곤은 비슷한 듯 하면서도 전혀 다른 별개의 몬스터이다.

용은 주로 중국 전설에 등장하는 신수로, 낙타의 머리에 사슴의 뿔이 달려 있으며 눈은 토끼, 몸은 뱀, 비늘은 잉어, 발톱은 매와 비슷하다고 한다. 거대하고 긴 몸을 넘실대며 하늘을 자유로이 날아다니고, 한 번 우는 것만으로도 폭풍을 부른다. 청룡이라고 불리는 용은 천계의 사방을 수호하는 신 중 하나로 동쪽 방향을 수호하고 있다.

유럽에서는 드래곤이 인간을 괴롭히는 사악한 존재로 그려지는 일이 잦은 데 비해, 중국에서는 정반대로 인식되고 있다. 용은 그 강력한 힘으로 사람들에게 은혜를 베푸는 신수이자 황제의 상징이다.

또한 용은 물의 신이기도 하여 평소에는 깊은 물속에서 잠들어 있다고 전해진다. 봄이 되면 물속에서 빠져나와 하늘로 올라가며, 천둥 번개를 일으켜 은혜로운 비를 내린다. 가을에는 다시 물속으로 잠겨들어 깊은 잠에 빠진다. 중국만이 아니라 일본이나 그 외 다른 아시아 지역에서도 이처럼 물을 관장하는 신인 용의 전설이 여럿 전해져 오고 있다.

예를 들면 아키타 현과 아오모리 현에 걸쳐 있는 토와다 호수에서는 동료를 배반하고 곤들매기(연어과의 민물고기)를 먹은 순간 용으로 변신해 버려 호수의 주인이 된 하치로우타로의 전설이 남아 있다. 이외에도 전국 각지의 호수나 강

▲중국에서 신수로 여기는 용. 사진은 북경 자금성에 있는 '구룡벽'으로, 액막이를 위해 만들어졌다.

등지에서 용에 얽힌 전설이 있으며, 수해 방지나 기우를 위해 용신에게 제사를 올리는 의식도 성대하게 치러져 왔다.

용이 강력한 힘을 가졌으면서도 사람들에게 함부로 해를 끼치는 존재는 아니라고 하나 예외도 있다. 용의 몸에 돋아 있는 비늘 중, 턱 아래에 있는 한 장만은 거꾸로 나 있다. 이것을 '역린'이라고 부르며, 용은 이 역린에 접촉하는 걸 극도로 싫어한다고 한다. 만일 이 역린을 건드리는 자가 있으면 용은 격노하여 당장 그 자를 죽여 버린다.

드래곤도 용도, 최강이라고 말해도 지나치지 않을 몬스터들이다. 그러니 가능한 역린은 건드리지 않도록 하자.

북아프리카, 리비아의 사막에 살고 있다는 뱀의 왕이다. 맹독의 안개에 휩싸여 있기에 바실리스크가 지나간 자리에는 체액으로 만들어진 독의 강이 생겨난다고 한다. 게다가 토해 내는 숨이나 시선에도 사악한 힘이 깃들어 있어, 노려보기만 해도 시선이 닿은 자는 죽음에 이른다. 덧붙이자면 남미에서는 '바실리스크' 라는 이름의 이구아나 종이 실제로 존재한다.

> **MEMO**
> 수탉이 낳은 달걀을 두꺼비가 품으면 코카트리스라는 괴물이 부화한다. 바실리스크와 코카트리스는 암수 관계라는 설이 있으나, 어느 쪽이 수컷이고 어느 쪽이 암컷인지는 알려져 있지 않다.

2장 환상 세계에 사는 전설의 몬스터

SIZE

위험도 : ●●●●○
레어도 : ●●●●○

DATA
[출몰 장소] 리비아
[크기] 24cm~1m
[특징] 8개의 발을 가진 뱀으로, 머리에는 닭의 벼슬이 달려 있다.
[성격] 인간을 습격하는 건 아니나, 가까이 다가가면 독기에 닿을 수 있다.

▲뮌헨에 있는 바실리스크의 동상. 천사가 오른쪽 아래에 있는 바실리스크를 죽이려 하고 있다.

Monsters of the World 26

불로불사를 상징하는 뱀
우로보로스

자신의 꼬리를 삼킨 채 영원한 생명을 관장하는 거대한 뱀. 불로불사나 재생의 상징으로 여겨지며 어디에 있는지는 모르지만 이 우주 전체를 둘러싸고 있다고도 한다.

위험도 : ●●○○○
레어도 : ●●●●○

DATA
[출몰 장소] 불명
[크기] 불명
[특징] 뱀이나 드래곤의 모습이며, 자신의 꼬리를 삼키고 있다.
[성격] 상세한 성격은 알려져 있지 않으나 사람을 습격하는 일은 없는 듯하다.

포인트
이음매 없이 이어져 있는 모습은 무한을 상징하는 '∞(무한대)' 기호의 근원이 되었다.

불을 지배하는 정령

샐러맨더

27

Monsters of the World

용암이나 불에서 살고 있으며, 불을 자유로이 다룰 수 있다. 샐러맨더의 눈썹으로 만든 실로 짠 옷감은 더러워져도 불에 넣으면 다시 완전히 깨끗해진다고 한다.

2장 환상 세계에 사는 전설의 몬스터

위험도 : ●●●○○
레어도 : ●●●○○

DATA
[출몰 장소] 불 속
[크기] 15~20cm
[특징] 작은 용이나 도마뱀 같은 모습을 하고 있으며, 불에서 살고 있다.
[성격] 불을 관장하는 정령이며, 인간을 해치는 일은 없다.

포인트
비가 내리는 날에만 나타난다. 불꽃을 싹 없애 버릴 정도로 차가운 피부를 가진 종류도 있다고 한다.

과연 그렇구나! 몬스터 칼럼 Column 6

'현자의 돌'과 우로보로스

자신의 꼬리를 문 채 고리를 만든 뱀 모양의 괴물 우로보로스. 그 모습은 기원전 1600년경 이집트에서 죽음과 재생을 뜻하는 상징으로 그려졌으나 중세 유럽에서는 연금술사들에게 특별한 의미를 가지게 되었다. 연금술이란 여러 가지 물질을 금으로 바꾸거나 인간을 불로불사로 만들 수 있는 궁극의 물질, '현자의 돌'을 추구하는 사람들을 일컫는다. 현자의 돌은 '엘릭서'라고도 불린다. 우로보로스는 그들만이 아는 비밀 문서에 자주 묘사되고 있으며, 그중에서도 '현자의 돌'을 가리키는 중요한 상징이기도 했다. 현자의 돌을 만드는 것이 모든 연금술사들의 최고 목표였던 것이다.

현자의 돌을 만드는 데는 대략 두 가지 작업 단계가 있다고 한다. 먼저 원료인 수은과 유황을 추출한다. 여기서 말하는 수은과 유황은 실재 존재하는 것과는 다르다. 이것들을 손에 넣기 위해 동물, 식물, 광물 등 여러 가지를 사용해 추출하는 실험을 여러 차례 되풀이하여 행한다.

▲ 꼬리를 삼킨 우로보로스, 완전함을 나타내는 상징으로 쓰인다.

두 번째 단계는 추출해 낸 순수한 수은과 유황을 결합시키는 것이다. '철학자의 달걀'이라고 불리는 수정으로 만들어진 플라스크에 두 개의 원료를 넣고 가열하면, 이윽고 서로 섞이며 물질은 검은색에서 흰색으로 바뀌다가 마지막엔 붉은색이 된다. 이는

▲연금술사들의 공방을 그린 그림. 현대 과학과도 통하는 여러 가지 발견들이 탄생했다.

각각 죽음→재생→완성이라는 사물의 이치를 의미한다. 이렇게 현자의 돌이 만들어진다. 연금술에서는 만물의 근원이 되는 물질과 모든 물질의 완성형인 현자의 돌은 같은 것으로 여긴다. 즉 시작과 끝은 같은 것이라는 말이다. 자신의 꼬리를 삼킨 채 고리를 만드는 우로보로스는 그야말로 처음과 끝을 동시에 나타내면서, 또한 '완전한 것'이기도 했던 것이다.

현자의 돌을 만드는 공정은 우주의 진실을 만든 것과 같다고 말할 정도로 무척 장대한 시도이다. 우로보로스는 우주란 무엇인가, 이 세계는 어떻게 생겨난 것인가를 아는 상징적인 몬스터이다.

세계가 끝날 때 지상에 나타난다

요르문간드

북구 신화에 등장하는 거대한 뱀으로, 자신의 꼬리를 입에 문 채 바다 밑바닥에 잠겨 인간 세계를 지킨다고 한다. 그러나 라그나로크라고 불리는 세계 종말의 날이 찾아오면 꼬리에서 입을 빼고 머리를 지상으로 들어올린다. 그러면 인간계에 대량의 바닷물이 쏟아져 들어와 대홍수가 일어나며, 세계가 붕괴하기 시작한다고 전해진다.

> **!** 요르문간드는 북구 신화의 최고신인 오딘의 의형제 로키와, 여자 거인인 앙그르보다 사이에서 태어났다. 형제로는 늑대 모습을 한 마물 펜릴, 죽은 자들의 나라를 다스리는 여왕, 헬이 있다.

2장 환상 세계에 사는 전설의 몬스터

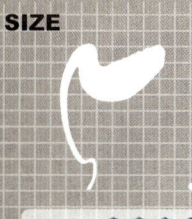

SIZE

위험도 : ●●●●●
레어도 : ●●●●●

DATA
[출몰 장소] 불명
[크기] 인간계를 한 바퀴 에워쌀 정도로 거대하다.
[특징] 싸울 때에는 맹독을 뿜어내기도 한다.
[성격] 평상시에는 조용히 수면 아래에서 가만히 웅크리고 있으나, 한 번 폭주하기 시작하면 멈추지 않는다.

▲북구 신화에 등장하는 세계수 이그드라실. 중앙의 인간계를 수면의 요르문간드가 한 바퀴 둘러싸고 있다.

Monsters of the World

29 아름다운 노래로 인간을 현혹하는
세이렌

아름다운 목소리와 모습으로 인간을 바다로 끌어들인다. 영웅 오디세우스는 그녀의 노래를 꼭 들어 보고 싶었기에 배의 기둥에 몸을 묶고 세이렌이 있는 바위섬을 지나쳤다고 한다.

위험도 : ●●●○○
레어도 : ●●●○○

DATA
[출몰 장소] 그리스
[키] 1.6m
[특징] 반은 인간, 반은 물고기의 모습이거나 혹은 반은 인간, 반은 새의 모습으로 상반신은 아름다운 여성이라고 한다.
[성격] 마력이 담긴 노래로 사람들을 매료시켜 바다에 뛰어들어 죽게 한다.

포인트
꼬리지느러미가 둘로 갈라져 있는 타입도 있다.

바다에 가라앉은 문명의 후예일까

반어인

30

Monsters of the World

2장 환상 세계에 사는 전설의 몬스터

포인트
물에서 생활하는 데 적응한 인간과 물고기가 합쳐진 몸.

인간과 물고기의 특징을 함께 가지고 있기에 수서인(水棲人)이라고도 불린다. 고대 바빌로니아 신화에 의하면 오안네스라는 이름의 반은 물고기 반은 사람의 모습을 한 물고기 인간이 바다에서 나타나 사람들에게 문명을 전파했다고도 한다.

위험도 : ●●●○○○○○○○
레어도 : ●●●○○○○○○○

DATA
[출몰 장소] 세계 각지
[키] 1.8m
[특징] 전신에 비늘이 나 있다.
[성격] 땅에 사는 인간들에게 해를 끼치진 않는다고 한다.

바다에 사는 최강의 악마
31 레비아탄

포인트
갑옷같이 견고한 비늘. 몸을 뒤치는 것만으로도 배를 부술 수 있다.

위험도 : ●●●●●
레어도 : ●●●●●

그 몸은 어떤 무기로도 뚫을 수 없을 정도로 견고한 비늘로 덮여 있으며, 날카로운 이빨이 난 입으로 불을 뿜어낸다. 최강의 바다 괴물이라고 전해지며, 바다를 헤엄치기만 해도 수면이 소용돌이치는 것처럼 갈라진다고 한다.

DATA
[출몰 장소] 불명
[키] 불명
[특징] 드래곤이나 뱀, 악어와 비슷한 생김새이며 단단한 비늘을 가지고 있다.
[성격] 무척 공격적이며 흉폭하다. 늘 먹잇감을 찾고 있다.

그 눈을 보는 자는 돌이 된다

고르곤

32

Monsters of the World

포인트
머리만 남은 뒤에도 마주치기만 해도 돌로 만들 수 있는 사악한 눈을 지녔다.

2장 환상 세계에 사는 전설의 몬스터

위험도 : ●●●●●
레어도 : ●●●●●

DATA
[출몰 장소] 그리스
[키] 1.6m
[특징] 머리에는 무수한 뱀이 마치 머리카락처럼 나 있다.
[성격] 야만적이고 탐욕스럽다. 자신의 미모를 자만한 나머지 신의 분노를 샀다.

그 눈을 보는 자는 순식간에 돌이 되어 버린다는 괴물이다. 그리스의 영웅 페르세우스는 청동 방패에 비친 고르곤의 모습을 보며 다가가 목을 베어 냈다고 한다.

한 번 들어가면 두 번 다시 나올 수 없는 미궁 라비린토스 안 깊은 곳에 갇혔던 흉악한 괴물이다. 크레타 섬을 다스리던 미노스 왕이 해신 포세이돈에게 빌린 소를 돌려주지 않았기에 그의 아들이 강력한 저주에 걸려 태어났다. 미노타우로스는 양친에게 미움받은 나머지 미궁에 유폐된 가엾은 왕자였던 것이다.

> 라비린토스는 크레타 섬에 실제 존재했던 크노소스 궁전이 모델이라고 전해진다. 크노소스 궁전은 마치 미궁처럼 복잡하게 지어져 있었다. 미노타우로스도 정말로 존재했던 건 아닐까?

SIZE

위험도: ●●●●●○○○
레어도: ●●●○○○○○

DATA
[출몰 장소] 그리스 크레타 섬
[키] 2~3m
[특징] 소의 머리에 인간의 몸을 한 몬스터이다. 그리스의 영웅 테세우스에게 퇴치당했다.
[성격] 무척 사납고 잔인하다. 어린아이들을 차례차례 잡아먹었다고 한다.

▲라비린토스의 모델이 된 크노소스 궁전 유적

2장 환상 세계에 사는 전설의 몬스터

과연 그렇구나! 몬스터 칼럼 Column 7

괴물을 쓰러뜨린 영웅들 ❶

그리스 신화에는 수많은 몬스터들이 등장하지만, 그들은 모두 강한 신념과 힘을 가진 영웅들에게 퇴치당할 운명이다.

그리스 신화의 영웅 중에서 가장 유명한 이는 헤라클레스다. 전지전능한 신 제우스와 인간 사이에서 태어났으며, 갓난아기였을 때부터 뱀을 맨손으로 목 졸라 죽였을 정도로 괴력의 소유자였다. 헤라클레스는 미케네의 왕 에우리스테우스의 명을 받아 여러 몬스터들과 싸웠다. 아홉 개의 머리와 맹독을 가진 거대한 뱀 히드라나 지옥의 파수견 케르베로스 등, 어느 쪽이든 헤라클레스가 아니면 쓰러뜨릴 수 없을 정도로 강력한 몬스터들이었다.

그와 같이 제우스의 피를 이은 영웅 중에 페르세우스가 있다. 페르세우스는 세리포스 섬의 왕 폴리데크테스의 음모로 괴물 고르곤(79페이지)을 퇴치하러 나서게 되었다. 신들의 협력을 받아 고르곤 중 하나인 메두사를 쓰러뜨리고 그 목을 잘라 돌아오는 길에 거인 아틀라스와 바다의 괴물들과 만나게 된다. 페르세우스는 메두사의 머리가 가진 돌로 만드는 능력을 사용해 이 몬스터들과의 싸움을 헤쳐 나간 뒤, 세리포스 섬에 도착한다.

▲그리스 신화의 헤라클레스. 괴물들과 맨손으로 맞붙은 적도 있다고 한다.

섬에서는 폴리데크테스가 페르세우스의 어머니인 다나에를 억지로 자신의 아내로 삼으려고 하고 있었다. 거기서 페르세우스는 다시 한 번 메두사의 머리를 내걸어 폴리데크테스를 돌로

▲페르세우스가 그려진 프레스코화. 메두사의 머리를 들고 있다.

▲미노타우로스를 쓰러뜨린 테세우스의 조각상. 옆에는 아내인 아리아드네가 있다.

만들고 다나에를 구출했다. 인간에게서 태어난, 소의 머리에 인간의 몸을 가진 몬스터인 미노타우로스(80페이지)를 쓰러뜨린 영웅은 테세우스다. 테세우스는 미노타우로스에게 바쳐진 산 제물인 아이들 틈에 섞여 들어가 미궁에 잠입한 뒤 숨겨 두었던 단검으로 괴물의 숨통을 끊었다. 이때 테세우스는 미궁에 실타래를 가지고 들어갔다. 한 번 들어가면 두 번 다시 나올 수 없는 미궁이었으나, 미궁의 입구에 실을 묶어 두었기에 그 실을 따라 밖으로 나올 수 있었다.

영웅들은 타고난 능력 외에도 괴물을 이길 수 있다는 용기를 가지고 있었다. 그런 강한 마음이야말로 영웅이 되는 조건인지도 모른다.

정화의 힘을 지닌 일각수
34 유니콘

포인트
뿔 길이는 약 40~50cm 정도이다. 어떤 독이라도 순식간에 정화할 수 있는 힘을 지녔다.

포인트
발굽은 말과 달리 둘로 갈라져 있다.

이마에서부터 쭉 뻗은 긴 뿔이 특징인 유니콘은 그 모습에서는 도무지 상상할 수 없을 정도로 사나운 성격을 지녔다. 사람의 힘으로 쓰러뜨릴 수 없는 건 아니지만, 생포하는 건 어렵다고 한다. 왜냐하면 붙잡힌 유니콘은 분노해 날뛰다가 스스로 상처를 입고 끝내는 사망하기 때문이다.

> **!** 난폭한 성격의 유니콘이지만, 순수한 마음을 가진 소녀가 다가가면 얌전해져서 소녀의 무릎에 머리를 기대고 잠이 든다고 한다. 그러나 순수한 척 연기한 여자는 잡아먹어 버린다고 한다.

2장 환상 세계에 사는 전설의 몬스터

SIZE

위험도 : ●●●○○
레어도 : ●●●●○

DATA
[출몰 장소] 인도 등
[키] 1.8~2m
[특징] 말의 모습을 하고 있으며 이마에는 길게 뻗은 뿔이 달려 있다.
[성격] 난폭하지만 순수한 마음을 가진 소녀는 따른다고 한다.

▲2010년 캐나다에서 촬영된 영상 중 일부. 유니콘처럼 보이는 동물이 달려가고 있다.

지옥에 사는 사악한 새
35 하르피이아

포인트
섣불리 가까이 가면 대변을 뿌리는 일도 있다고 하니 주의하자!

위험도: ●●●●●
레어도: ●●●●●

DATA
[출몰 장소] 지옥
[키] 1.8~2m
[특징] 얼굴부터 가슴 부위까지는 인간 여성이며, 하반신과 날개는 새의 모습을 한 괴조.
[성격] 탐욕스럽고 심술궂다. 먹을 것을 발견하면 지저분하게 먹어 치운다.

지옥의 왕 하데스의 수하로, 자살하여 죽은 자가 변한 나무를 쪼아 먹는 괴물 새이다. 악취를 풍기며, 그 발톱에 상처를 입으면 그 부분부터 피부가 썩어 들어가거나 병에 걸린다고 한다.

36 Monsters of the World

2장 환상 세계에 사는 전설의 몬스터

아래를 굽어보는 악마의 석상

가고일

포인트
돌로 만들어져 있기에 무척 단단하며, 물리적인 공격이나 마법이 통하지 않는다고 한다.

위험도 : ●●●○○
레어도 : ●●●○○

DATA
[출몰 장소] 유럽
[키] 30~60cm
[특징] 빗물받이 끝에 달려 있던 악마의 조각상에 혼이 깃들어 생겨난 괴물이다.
[성격] 빙의되어 움직이고 있기에 스스로의 의지가 있는지 어떤지는 알 수 없다.

유럽의 교회나 성당의 빗물받이 끝에 달려 있는 조각상이 어떤 이유로 생명을 얻어 생긴 몬스터이다. 건물의 높은 곳에서 주변을 경계하다가 침입자를 공격한다.

스핑크스

반인반수의 신수

37 Monsters of the World

포인트
상반신은 여성에 독수리의 날개를 가진 모습도 전해지고 있다.

◀ 이집트 기자의 거대한 스핑크스 석상

2장 환상 세계에 사는 전설의 몬스터

고대 그리스의 신화에 따르면 스핑크스는 테베 근처에 있는 산에 나타나 여행자들에게 수수께끼를 내고 대답하지 못한 사람을 잡아먹어 버렸다고 한다. 그 수수께끼란 "아침에는 네 발, 점심때는 두 발, 저녁때에는 세 발로 걷는 생물은 무엇인가?" 였다. 후에 테베의 왕이 된 오이디푸스만이 이 문제를 풀 수 있었다고 한다.

MEMO

! 스핑크스가 여행자에게 낸 수수께끼의 답은 '인간'이었다. 갓난아기일 때에는 기어 다니기에 네 발, 자라면서는 두 발로 걸어 다니며, 나이를 먹으면 지팡이 때문에 세 발이 되어서이다.

SIZE

위험도 : ●●●●●
레어도 : ●●●●●

DATA

[출몰 장소] 그리스

[키] 2~3m

[특징] 사자의 몸에 인간의 머리를 가지고 있다. 이집트에서는 왕의 수호신으로 여겨졌다.

[성격] 높은 지성을 지녔으며 수수께끼를 내는 것을 좋아한다. 자존심이 무척 강하다.

과연 그렇구나!
몬스터 칼럼
Column 8

거대한 스핑크스상의 수수께끼

기자에 있는 3대 피라미드는 이집트 문명을 대표하는 유적이다. 그 피라미드 바로 옆에 스핑크스를 본딴 거대한 석상이 있다. 인간의 머리에 사자의 몸을 가진 거대한 스핑크스상은 전체 길이 73.5m에 높이는 20m, 너비는 6m에 달한다. 이 땅을 덮고 있는 석회암을 깎아 내 만든 것으로, 하나의 돌로 만든 석상으로는 세계 최대 크기라고 한다.

거대한 스핑크스상은 피라미드와 함께 많은 수수께끼를 품고 있는 건축물로 유명하다. 나란히 있는 세 개의 피라미드 중, 중앙에 위치한 카프레 왕의 피라미드로 이어지는 참배길 옆에 스핑크스상이 놓여 있기에 왕의 피라미드를 수호하는 수호신이라는 설이 있으나, 그 설을 뒤집는 수많은 수수께끼가 있다. 하나는 건축 시대에 대한 수수께끼이다. 거대 스핑크스상은 약 4500년 전, 카프레 왕이 재위 중이던 이집트 제4왕조 시대에 카프레 왕의 피라미드와 함께 제작되었다고 한다. 그러나 실은 이 스핑크스가 더욱 먼 옛날에 만들어졌다는 설도 있다.

미국의 지질학자인 로버트 쇼크 박사가 발표한 내용에 따르면 '거대 스핑크스상은 7000년도 더 이전, 이집트 문명이 시작되기도 전에 만들어졌다.'고 한다. 이러한 주장의 근거가 되는 것은 거대 스핑크스상 주위에 있는 바위에 남겨진 침식 흔적이었다. 기원전 5000년경 이집트에 대규모의 우기가 왔다고 한다. 즉 그 주변에 있는 바위가 비나 홍수 등에 영향을 받았으므로 거대

▲거대 스핑크스상. 주변의 바위에는 물에 깎여나간 듯한 침식의 흔적이 보인다.

스핑크스상이 제작된 것은 기원전 5000년보다 더욱 이전이라는 것을 의미한다. 또한 스핑크스는 보물을 숨겨 놓은 장소에 있다는 설도 있다. 스핑크스 아래에 비밀의 방이 있으며 그곳에는 금은보화가 잠들어 있다고 전해진다. 고대의 몇몇 역사서에는 '스핑크스의 배 아래에는 거대한 피라미드로 통하는 지하 통로가 있다.'고 기술하고 있다. 그리고 최근에 스핑크스의 지하를 조사한 결과, 실제로 비밀 공간이 있다는 것이 밝혀졌다.

스핑크스는 대체 언제, 왜 만들어진 것일까? 그 수수께끼가 모두 풀리기까지는 아직도 많은 시간이 걸릴 것으로 보인다.

38 Monsters of the World

50개의 머리와 100개의 팔을 가진
헤카톤케이르

키클롭스와 같이 타르타로스에 유폐되어 있었으나 제우스가 구해 준 뒤 타이탄 족과의 전투에 참가하게 된다. 100개의 팔로 거대한 바윗덩어리를 집어던지는 투석 공격은 매우 강력하다.

위험도: ●●●●●○○○○
레어도: ●●●●○○○○○

DATA
[출몰 장소] 지옥
[키] 5~10m 정도?
[특징] 50개의 머리와 100개의 팔을 가지고 있다. 그리스 신화에서 제일가는 괴력을 지녔다.
[성격] 자신을 구해 준 자에 대한 고마움을 잊지 않는, 매우 고지식한 성격이다.

주머니처럼 생긴 신수
제홍

39
Monsters of the World

2장 환상 세계에 사는 전설의 몬스터

포인트
몸은 금색이나 날개는 붉은색이다.

위험도 : ●●●○○
레어도 : ●●●○○

DATA
[출몰 장소] 중국
[키] 불명
[특징] 금빛 주머니 같은 몸에 여섯 개의 다리와 네 장의 날개를 가지고 있다.
[성격] 알려져 있지 않으나 인간에게 해를 끼치진 않는 듯하다.

고대 중국의 천산이라는 장소에 있다는 신수이다. 불룩한 황금색 주머니에 다리와 날개가 돋아 있는 신기한 모습을 하고 있으며, 눈도 코도 입도 없다. 노래나 춤을 굉장히 잘 안다고 한다.

길조를 몰고 오는 환수
40 기린

포인트
앞머리에 솟아난 뿔은 살로 되어 있다.

중국에서 덕이 높은 왕의 곁에 나타나 길조를 나타낸다는 환상의 신수이다. 살생을 무척 싫어하여 지상에 내려와서도 아무리 작은 곤충이라도 밟지 않고 풀을 꺾지 않도록 걷는다고 한다. 천계의 사방, 동서남북의 중앙을 관장한다.

2장 환상 세계에 사는 전설의 몬스터

SIZE

위험도 : ●●●●○○○
레어도 : ●●●●●○○

DATA
[출몰 장소] 중국
[키] 5m
[특징] 사슴의 몸에 소의 꼬리, 말의 발굽을 가지고 있으며 얼굴은 용과 비슷하다.
[성격] 위엄이 있으며 온화하고 상냥하다. 천년에 한 번 나타난다.

포인트
등에는 다섯 가지 색이 복잡하게 어우러져 빛난다.

과연 그렇구나! 몬스터 칼럼 Column 9

행운을 부르는 몬스터

세계의 괴물들 중에는 사람에게 해를 끼치는 것만 있는 게 아니라 좋은 소식이나 행운을 가져다주는 것도 있다. 중국에서는 좋은 일이 일어나기 전이나 덕이 높은 왕이 태어날 때, 기린이나 봉황, 용(66페이지), 영귀 등의 '상서로운 짐승'(행운을 가져다주는 몬스터)이 나타난다고 한다.

한편, 고대 세계에서는 인간에게 도움이 되는 지혜를 전수해 주는 신과 같은 괴물도 있었다고 한다. 중앙 및 남아메리카의 마야나 아즈텍 신화에 전해지는 깃털을 가진 뱀 '케찰코아틀'은 사람들에게 문명을 전파하고 불의 사용법을 가르쳐 주었다고 한다. 중동의 고대 바빌로니아에서는 바다에 나타나 모든 지혜를 인류에게 가르쳐 주었다는 반어인 '오안네스'의 전설이 있다. 오안네스가 전해 준 지혜로부터 수메르 문명이 탄생했다고 전한다.

일본의 요괴 중에도 행운을 불러오는 요괴가 있다. 이와테 현에서 전해지는 좌부동자는 어린아이의 모습이다. 좌부동자가 자리 잡은 집은 유복해지며 번영한다고 한다. 다만 집의 식구들이 게을러져서 일하지 않으면 집을 나가 버리며, 좌부동자가 떠난 집은 불행해진다고 한다.

▲카네다마. 창고 안에서 금화가 날아다니고 있는 모습이 그려져 있다.

▲마야 아즈텍 문명에서 그려지는 케찰코아틀. 잔혹하지만 지식도 전파해 준다.

돈 그 자체의 모습을 한 요괴도 있다. 카네다마라는 요괴는 돈의 '기운'이 변한 것으로, 정직한 사람이 있는 집에 날아 들어가 그 집을 부자로 만든다.
또, 아키타 현에 나타났다는 산키치오니는 술값 대신에 사람들을 도와준다는 요괴다. 평소에는 산에서 살지만, 술집에 불쑥 나타나 엄청난 양의 술을 마신 뒤 술값은 내지 않고 나가 버린다. 그러나 밤이 되면 술값의 열 배 정도 되는 장작을 가게 앞에 쌓아 놓는다고 한다.
행운을 가져다주는 몬스터들의 공통점은 인간이 나쁜 마음을 먹는 순간, 그 사람을 떠나 버린다는 점이다. 만일 마주치게 된다면 가능한 오랜 기간 사이좋게 지내도록 하자.

Monsters of the World

저주받은 꼭두각시 시체

41 좀비

각각의 공격력은 그렇게 높지 않으나 여럿이 모이면 상대하기 벅차다.

포인트

위험도 : ●●●●○
레어도 : ●●●○○

DATA
[출몰 장소] 아프리카, 아이티 등
[키] 1.2~1.8m
[특징] 저주의 힘으로 움직이는 시체다. 원래는 인간의 몸이기에 썩기도 한다.
[성격] 의지를 갖거나 생각하지 못하며, 움직이는 것을 공격하는 습성이 있다.

매장된 시체나 가사 상태에 빠진 인간이 마력에 의해 되살아난 것을 좀비라고 한다. 부두교의 주술사들은 살아 있던 인간을 좀비로 변하게 하는 마법의 가루를 사용해 노예로 부린다고 한다.

게걸스레 시체를 먹어 치우는 악마

구울

42 Monsters of the World

2장 환상 세계에 사는 전설의 몬스터

포인트
하이에나로 변신해 시체를 먹는 일도 있다.

위험도 : ●●●○○
레어도 : ●●●○○

DATA
[출몰 장소] 중동
[키] 1.2~1.8m
[특징] 시체에 들러붙은 요마다. 사막에 살며 몸 색을 자유롭게 바꾼다.
[성격] 탐욕스러우며, 인간의 시체를 먹거나 살아 있는 어린아이를 잡아먹는다.

중동 지방에는 무덤에 잠들어 있는 시체에 진이라는 요마가 깃들면 구울이 된다고 전해진다. 변신 능력이 있기에 살아 있는 인간들 틈에서 살기도 한다.

Monsters of the World

43 슬라임

수수께끼의 끈적거리는 몬스터

포인트
매우 점성이 강하여 천천히 움직인다. 몸에 독성을 품은 종류가 많다고 전해진다.

위험도 : ●●○○○
레어도 : ●●●○○

DATA
[출몰 장소] 불명
[키] 불명
[특징] 질척질척 들러붙는 젤리 형태의 몬스터. 여러 가지 색이 있다.
[성격] 불명

아메바와 비슷한 성질을 가진 몬스터이다. 동굴이나 어두운 장소에 숨은 채 먹이를 기다리고 있다. 베어도 베어도 원래대로 돌아가기에 검이나 물리적인 공격으로는 전혀 타격받지 않는다.

북유럽에 사는 괴력의 거인
트롤 44

Monsters of the World

2장 환상 세계에 사는 전설의 몬스터

포인트
눈과 코가 크고 추악한 얼굴을 하고 있어 사람들에게 미움을 받았다.

위험도 : ●●●●●
레어도 : ●●●●●

북구 신화에 등장하는 거인으로, 사람들이 잠들어 조용해진 틈을 타 산을 넘어와 마을을 배회한다. 짓궂은 장난을 치는 난쟁이나 인간을 공격하는 외눈박이 거인 종족도 있다.

DATA
[출몰 장소] 북유럽
[키] 0.5~5m
[특징] 가공할 만한 괴력을 지닌 거인 몬스터이다. 백야의 밤에 나타난다.
[성격] 사악하고 흉폭하며 호전적이다. 종족에 따라서는 온순하기도 하다.

Monsters of the World

45 인간의 생피를 마시는 흡혈귀

포인트
얼굴색은 창백하고 마른 체형이며 피를 빨 때만 희미하게 피부에 혈색이 돈다.

! 흡혈귀를 퇴치하려면 흡혈귀가 관 속에서 잠들어 있는 낮이 적기이다. 심장에 달군 쇠 말뚝을 박은 뒤 햇볕을 쏘이거나 혹은 불을 붙여 태워 버리면 확실히 퇴치할 수 있다.

포인트
박쥐로 변신하거나 안개에 스며들어 인가에 침입한다고 전해진다.

죽은 자가 살아 있는 사람의 피를 마시는 몬스터로 되살아난 것으로, 일명 '뱀파이어'라고도 불린다. 흡혈귀에게 피를 빨린 인간은 일단 가사 상태가 된 뒤, 그 자신도 흡혈귀가 된다.

2장 환상 세계에 사는 전설의 몬스터

DATA
[출몰 장소] 루마니아
[키] 1.8~2m
[특징] 인간의 모습을 하고 있으며, 사람의 생피를 마시는 불사신의 몬스터이다.
[성격] 개체에 따라 다르지만 기본적으로 냉혹하고 잔인한 성격이다.

위험도 : ●●●●●
레어도 : ●●●●●

과연 그렇구나!
몬스터 칼럼
Column 10

흡혈귀 드라큘라의 정체

지금까지 전해지는 일반적인 '흡혈귀 뱀파이어'에 대한 대부분의 이미지는 19세기에 출판된 소설이 원전이었다. 이 소설이 바로 아일랜드 출신 작가 브램 스토커의 『흡혈귀 드라큘라』이다.

『흡혈귀 드라큘라』의 줄거리는 다음과 같다. 런던으로 이주하고 싶다는 드라큘라 백작의 의뢰를 받고 조나단 하커는 그가 거처하는 성을 방문한다. 하커는 성에 머무는 동안 백작이 어딘가 이상하다는 것을 깨닫고, 그와 동시에 여러 가지 무서운 경험을 하게 된다. 한편, 런던에서는 불길한 사건들이 잇따라 일어나기 시작했다. 하커 부인의 친구인 루시가 원인 불명의 병에 걸려 날이 다르게 쇠약해졌던 것이다. 의사는 루시를 구하기 위해 은사인 반 헬싱 교수에게 도움을 청한다. 그러나 불행히도 루시는 명을 달리한다. 결국 루시의 죽음이나 런던에서 일어나는 괴이한 사건들이 흡혈귀 드라큘라의 짓이라는 것을 밝혀낸 헬싱 교수는 드라큘라 백작을 퇴치하기 위해 그의 거처로 향한다. 과연 그들의 운명은 어떻게 되었을까.

이 이야기에 등장하는 드라큘라는 가공의 괴물이지만, 사실 드라큘라 백작의 모델이 된 인물이 있다. 15세기에 현재 루마니아 남부를 통치했던 왈라키아공 블라드이다. 당시의 '블라드'는 '악마의 자식'을 의미하는

▲드라큘라의 모델이 된 왈라키아공 블라드

'드라큘라'라는 이름으로도 불리고 있었다. 그렇다면 도대체 왜 블라드가 악마의 자식이라고 불렸을까? 그 이유는 블라드 체페쉬라는 또 하나의 별명을 가지고 있었기 때문이다. 체페쉬는 "꼬챙이에 꿰는 것"이라는 의미가 있다. 그 시대에 꼬챙이형은 특정한 죄인에게만 행하는 잔혹한 처형법이었다. 그러나 블라드는 자신의 지위를 견고히 하기 위해 그 처형법을 범역한 귀족에게도 적용했다. 이러한 행위로 사람들은 블라드를 '체페쉬', 혹은 더욱 큰 악의를 담아 '드라큘라'라고 불렀던 것이다.

이렇게 역사상 보기 드물 정도로 잔혹한 행위가, 사람들의 생피를 빨아 살아가는 흡혈귀의 이미지와 겹쳐져 후에 '흡혈귀 드라큘라'의 모델이 된 셈이다.

▶ 루마니아의 트란실바니아에 있는 브란 성. 드라큘라 성의 모델이 되었다.

3장 요괴 보고 가세요!

일본의 몬스터

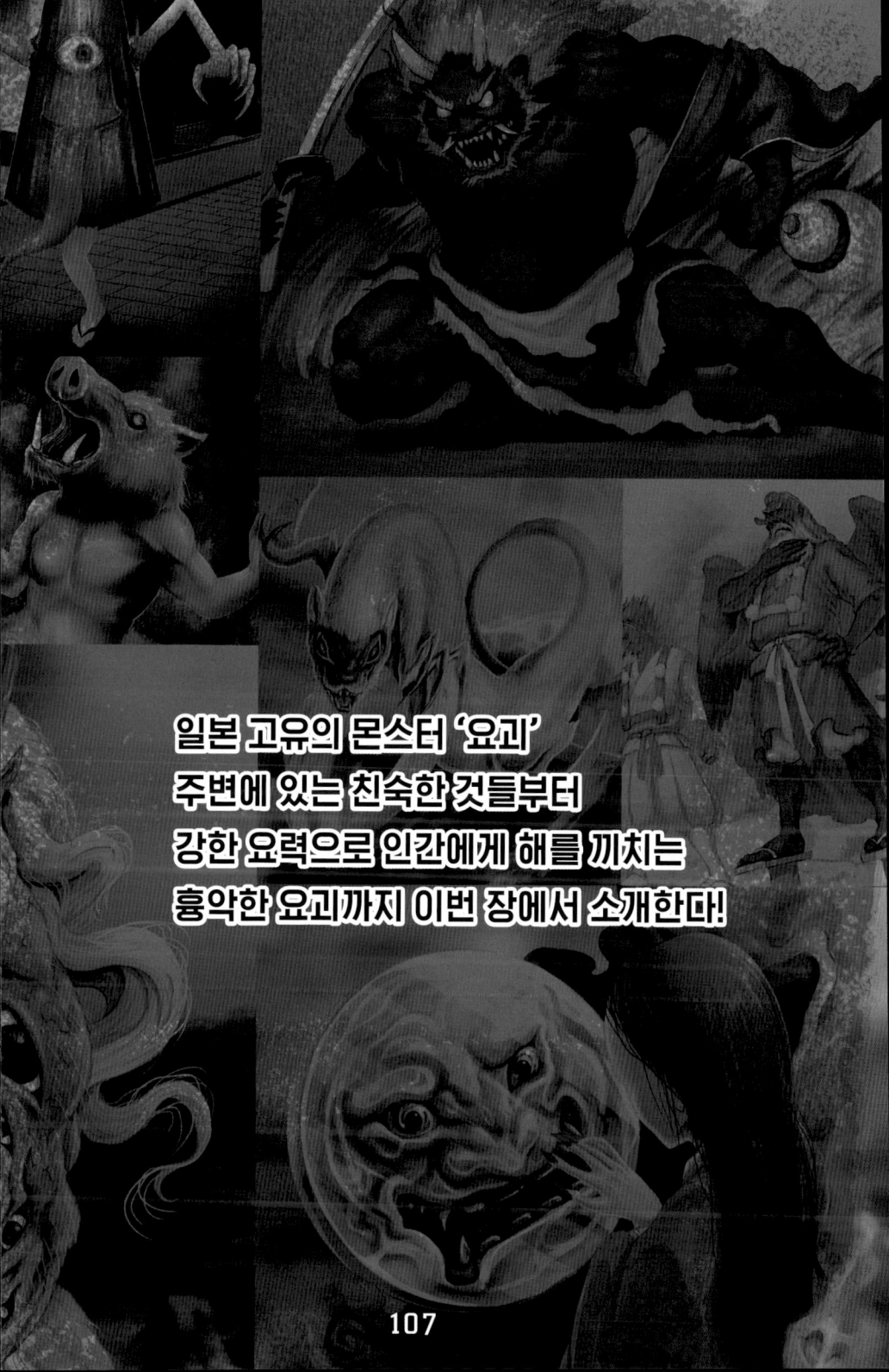

일본 고유의 몬스터 '요괴'
주변에 있는 친속한 것들부터
강한 요력으로 인간에게 해를 끼치는
흉악한 요괴까지 이번 장에서 소개한다!

탄탄한 몸과 무시무시한 괴력을 가졌으며, 사람들에게 수많은 해악을 끼치는 괴물이다. 『모모타로』를 시작으로, 일본의 여러 옛 설화나 전설에 등장한다. 특수한 마력을 가진 귀녀(鬼女)나 지옥의 파수꾼 노릇을 하고 있는 오니도 있다.

> 피부색은 가지각색이지만 붉은색이나 푸른색이 잘 알려져 있다.
>
> **포인트**

3장 요괴 보고 가세요! 일본의 몬스터

SIZE

위험도 : ●●●●●
레어도 : ●●●●●

DATA
[출몰 장소] 일본 각지
[키] 1.8~2m
[특징] 앞이마에 뿔이 난 사람 모습을 한 요괴. 전투 능력이 대단히 뛰어나다.
[성격] 흉폭한데다 잔혹한 성격이다. 사람들이 사는 마을에 나타나 젊은 여자나 아이들을 납치한다.

과연 그렇구나! 몬스터 칼럼
Column 11

일본 각지에 남아 있는 오니 전설

일본 각지에는 수많은 오니에 얽힌 전설이 남아 있다. 오니가 등장하는 이야기 가운데 가장 유명한 것은 『모모타로』일 것이다. 복숭아에서 태어난 모모타로가 개, 원숭이, 꿩과 함께 오니를 퇴치하기 위해 도깨비 섬(오니가시마)으로 향하는, 일본에서는 누구나 아는 유명한 옛이야기다. 이 이야기의 바탕이 된 오니 전설 중 하나가 오카야마 현에 전해져 오고 있다.

옛날, 오카야마 현이 키비로 불렸을 당시 우라라는 오니가 그 부근을 지배하고 있었다. 우라는 귀신의 성이라고 불리는 산성을 거처로 삼아 횡포를 부리며 주변 사람들을 괴롭히고 있었다. 이를 좌시하지 못한 조정은 우라를 퇴치하기 위해 키비쓰 히코노미코토를 파견했다. 격렬한 전투 끝에 우라는 붙잡혀 목이 베어졌다. 그러나 목만 남은 채로도 우라는 끊임없이 낮게 우는 듯한 소리를 냈기에, 키비쓰 신사에 있는 솥단지 밑에 매장되었다. 그 뒤, 우라의 아내였던 아소히메에게 그 솥으로 밥을 짓게 하자 솥이 울어 길흉을 알려 주게 되었다고 전해진다.

기실 모모타로와 관계가 있는 전설은 오카야마 현 이외에도 전국 여러 곳에 있다. 그중 하나인 가가와 현의 메기시마는 도깨비 섬(오니가시마)의 모델이 된 곳이며, 귀신들은 섬의

▲오니가시마의 전설이 남아 있는 가가와 현 메기시마에 있는 오니의 상.

▲미나모토노 요리미츠가 슈텐도지를 퇴치하는 모습을 그린 그림. 슈텐도지는 술을 너무 좋아해서 늘 얼굴이 붉었다고 한다.

동굴에 사는 해적들을 가리키는 게 아닐까 하는 설이 있다. 교토의 오오에 산에는 일본에서 가장 강력한 오니로 알려진 슈텐도지 전설이 있다. 헤이안 시대, 슈텐도지는 이바라키도지 등의 강력한 귀신을 휘하에 거느리고 수도를 어지럽혔다. 조정은 미나모토노 요리미츠와 그 수하인 사천왕들에게 슈텐도지 토벌을 명했다. 요리미츠와 동료들은 '신편귀독주'라는, 귀신의 몸을 마비시킬 수 있는 독이 들어간 술을 신에게 받아 슈텐도지가 취해 널브러져 곯아떨어진 틈을 타 슈텐도지의 목을 베었다. 슈텐도지는 격노하여 목만 남은 채로도 요리미츠의 투구에 달려들어 물고 늘어졌으나, 요리미츠 일행이 그 양 눈을 도려내자 결국 힘이 다했다고 전해진다.

날카로운 칼날을 가진 질풍
카마이타치

47

갑자기 돌풍이 불어온다. 문득 정신을 차리면 날카로운 날붙이에 베인 듯한 상처가 나 있다. 이것은 요괴 카마이타치의 짓이다. 바람이 강하고 건조한 날씨에 자주 나타난다고 전해진다.

위험도 : ●●●○○
레어도 : ●●●○○

DATA
[출몰 장소] 일본 각지
[키] 불명
[특징] 양손에 낫이 달린 족제비처럼 생겼다.
[성격] 무척 사납고 무차별적으로 사람을 공격한다.

포인트
카마이타치에게 베인 상처는 아프지도 않을 뿐더러 피도 나지 않는다고 한다.

몸에도 눈이 있다!

백목귀

48

Monsters of the World

3장 요괴 보고 가세요! 일본의 몬스터

100개의 눈을 가진 귀신이다. 헤이안 시대의 무장인 후지와라노 히데사토가 백목귀의 급소인 눈을 화살로 꿰뚫자 빈사 상태가 되었다. 후에 마음을 고쳐먹고 두 번 다시 나쁜 짓을 하지 않기로 맹세했다고 전해진다.

위험도 : ●●●●○○○○
레어도 : ●●●○○○○○

DATA
[출몰 장소] 일본 도치기 현
[키] 3m
[특징] 몸에 100개의 눈을 가지고 있으며 몸 표면에는 날붙이처럼 날카로운 털이 나 있다.
[성격] 죽은 말을 좋아한다. 흉폭하지만 사람을 공격했다는 기록은 없다.

포인트
몸 어딘가에 약점인 눈이 한 개 있으며, 그 부분을 공격당하면 몸에서 불을 내뿜으며 고통에 겨워 몸부림친다.

포인트
눈은 꽈리처럼 붉고 형형하게 빛난다.

포인트
꼬리에서 나온 대검은 아메노무라쿠모노츠루기(天叢雲劍)라 불리며, 일본 황실의 세 가지 신기 중 하나이다.

고대의 거대한 뱀
야마타노 오로치

일본에서 가장 오래된 역사서 『고사기』에 등장하는 신화시대의 거대한 괴물이 야마타노 오로치다. 여덟 개의 머리와 여덟 개의 꼬리를 가지고 있으며, 그 크기는 여덟 개의 언덕과 계곡에 걸쳐 있을 정도였다. 야마타노 오로치는 술을 굉장히 좋아했는데, 스사노오는 이 점을 이용하여 정성들여 빚은 술을 야마타노 오로치에게 마시게 한 뒤, 술에 취해 쓰러진 틈을 타 이 괴물을 퇴치했다.

> **!** 야마타노 오로치를 쓰러뜨린 스사노오는 태양신 아마테라스의 남동생으로, 성격이 난폭했던 탓에 천계에서 인간계로 추방당했다. 산 제물이 될 뻔한 쿠시나다 공주를 구한 뒤, 그녀와 결혼했다.

3장 요괴 보고 가세요! 일본의 몬스터

SIZE

위험도 : ●●●●●
레어도 : ●●●●●

DATA
[출몰 장소] 일본 이즈모 지방
[키] 언덕과 계곡에 걸쳐 있을 정도
[특징] 여덟 개의 머리와 여덟 개의 꼬리를 가지고 있는 거대한 뱀의 모습을 한 괴물이다. 육식성이며 젊은 처녀의 고기를 먹는다. 술을 무척 좋아한다.
[성격] 잔인하며 무척 사납다.

▲ 그림에 남은 스사노오. 쿠시나다 공주와 사이에 낳은 아들, 오오쿠니누시는 일본을 세운 신으로 알려져 있다.

Monsters of the World 50

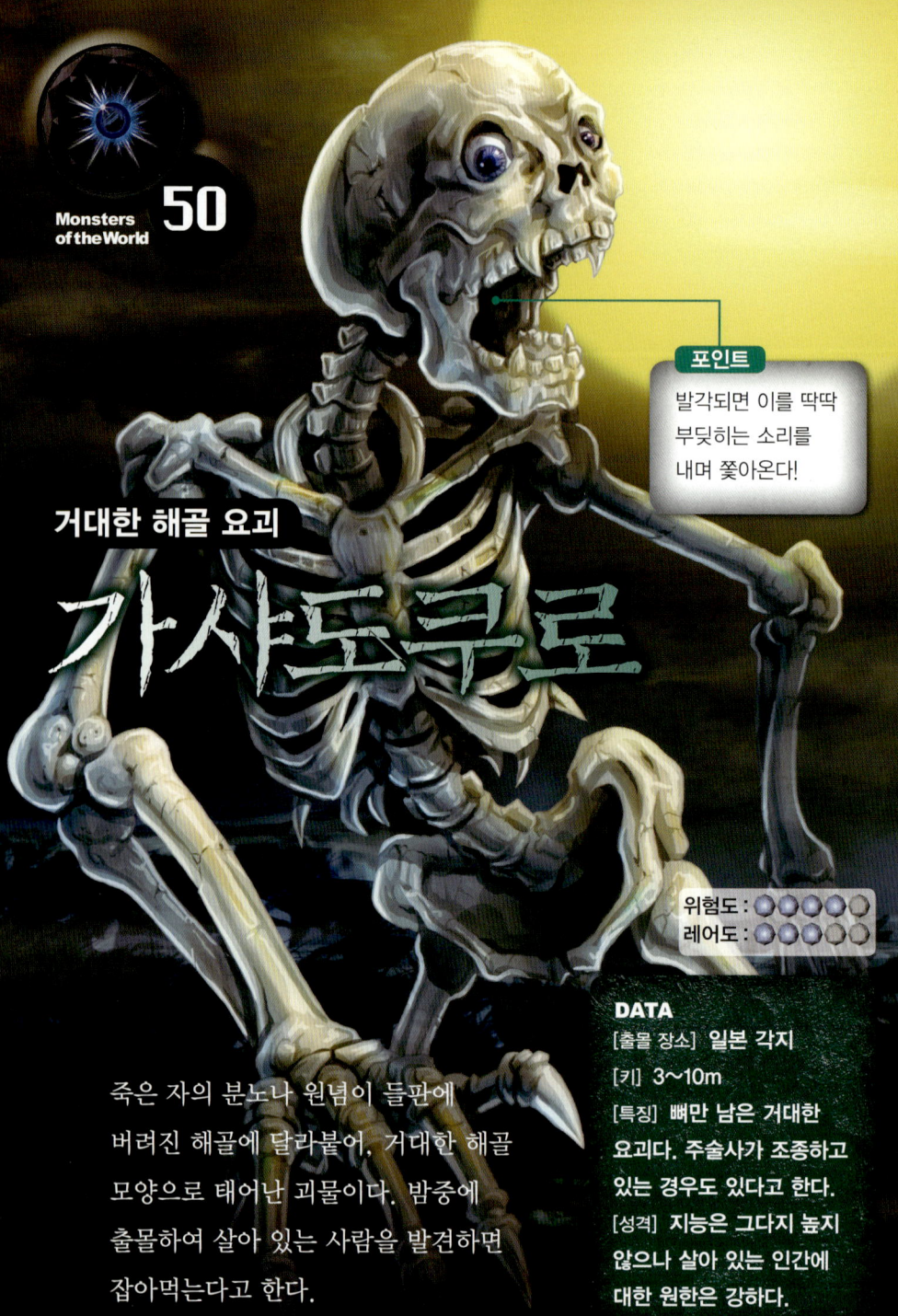

포인트
발각되면 이를 딱딱 부딪히는 소리를 내며 쫓아온다!

거대한 해골 요괴
가샤도쿠로

위험도 : ●●●●●
레어도 : ●●●●●

죽은 자의 분노나 원념이 들판에 버려진 해골에 달라붙어, 거대한 해골 모양으로 태어난 괴물이다. 밤중에 출몰하여 살아 있는 사람을 발견하면 잡아먹는다고 한다.

DATA
[출몰 장소] 일본 각지
[키] 3~10m
[특징] 뼈만 남은 거대한 요괴다. 주술사가 조종하고 있는 경우도 있다고 한다.
[성격] 지능은 그다지 높지 않으나 살아 있는 인간에 대한 원한은 강하다.

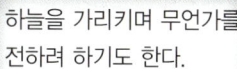

51 Monsters of the World

> 하늘을 가리키며 무언가를 전하려 하기도 한다.
> — **포인트**

자신의 의지를 가진 고깃덩어리
눗페후호후

3장 요괴 보고 가세유! 일본의 몬스터

SIZE

위험도 : ●●●●●○○○
레어도 : ●●●●○○○○

DATA
[출몰 장소] 일본
[키] 1.2m
[특징] 눈도 코도 입도 없는 통실통실한 고깃덩어리 같은 모습을 하고 있다.
[성격] 왜 나타나는 건지, 어떻게 생겨난 건지는 알려져 있지 않다.

커다란 고깃덩어리에 손발이 나 있는 듯한 모습을 한 요괴다. 고기를 먹으면 괴력을 얻을 수 있다고 알려진 중국의 '봉황'과 같은 요괴일지도 모른다.

산을 지배하는 거대한 요괴
텐구

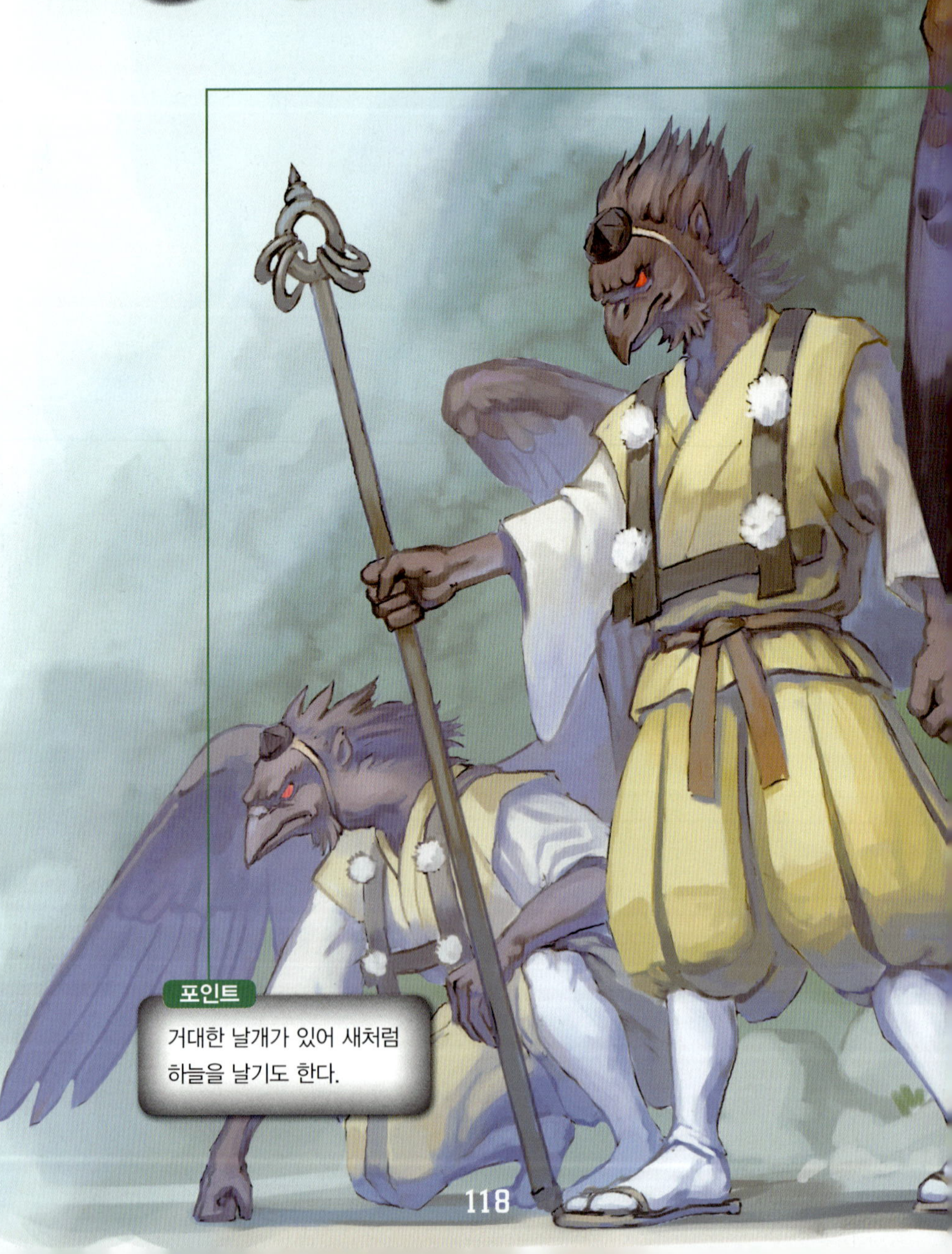

포인트
거대한 날개가 있어 새처럼 하늘을 날기도 한다.

과연 그렇구나! 몬스터 칼럼 Column 12

텐구는 요괴일까 아니면 신일까?

텐구는 일본 산에 살고 있다고 한다. 산에서 일어나는 여러 괴이한 현상들은 텐구의 소행이라고 생각되며, 텐구의 이름이 붙은 경우도 많다. 예를 들어, 나무가 쓰러지는 소리에 주변을 둘러보면 쓰러진 나무는 온데간데없다. 이를 가리켜 '텐구 쓰러짐'이라 부르는데, 산에서 종종 일어나는 괴이한 현상이다. 이밖에도 아무도 없는데, 갑자기 머리 위에서 작은 돌이나 모래가 쏟아져 내리는 '텐구 날리기'나 어린아이가 산에서 갑자기 사라져 버리는 '텐구 숨기기' 등이 있다.

실제로 텐구를 봤다는 사람은 많지 않지만, 존재를 증명하는 증거가 되는 물품들은 전국 각지에 남아 있다. 고개를 넘는 여행자들을 괴롭히던 텐구가 시즈오카 현 이토우 시 부근의 부츠겐 절의 승려에게 호되게 혼이 난 뒤, 반성하며 적었다고 하는 '텐구의 사죄문'이 지금도 부츠겐 절에 남아 있다. 인간은 읽을 수 없는 텐구의 문자로 적혀 있기에, 지금껏 해독하지 못했다.

▲에이잔 전철의 구라마 역 근처에 있는 거대한 텐구의 조각상

불가사의한 현상을 일으키거나 사람에게 못된 장난을 치는 텐구가 있는 한편, 신에 근접한 강한 신통력을 가진 텐구도 있다. 영봉(靈峰)이라 불리는 신성한 산에 사는 텐구들은 각자 이름을 가지고 있으며, 예로부터 많은 사람들의 신앙의 대상이 되었다.

▲구라마 산의 산골짜기에서 우시와카마루에게 무예를 가르치는 구라마 산 소조보

그중에서도 강한 힘을 가진, 일본을 대표하는 여덟 텐구로는 아타고 산 타로보(아타고 산), 구라마 산 소조보(구라마 산), 히라 산 지로보(히라 산), 이즈나 산 사부로(이즈나 산), 다이센호키보(사가미오 산), 히코 산 부젠보(히코 산), 오오미네젠키보(오오미네 산), 시라미네사가미보(고시키다이시라미네 산) 등이다. 특히 구라마 산 소조보는 우시와카마루(미나모토노 요시츠네의 유소년기 이름)에게 병법을 가르쳐 준 텐구로 유명하다. 또한 구라마 산에는 소조보와 별개로 호법마왕존으로 불리는 텐구도 모시고 있다. 호법마왕존은 구라마 절의 본존 중 하나로, 약 650만 년 전에 금성에서 지구를 찾아온 외계인이라고 한다. 어쩌면 몇몇 텐구는 외계인이었을지도 모른다. 그렇다면 신으로 존경받았던 텐구의 신통력은 지구 밖의 고도의 문명이 가져온 과학 기술이었을지도 모르겠다.

Monsters of the World

53 우부메

길을 가는 행인에게 아기를 안겨 주는

포인트
우시오니와 함께 나타나, 사람을 못 가게 방해하는 일도 있다.

위험도 : ●●●○○
레어도 : ●●○○○

아기를 낳다가 죽은 여자가 변하여 생겨난 요괴라고 전해진다. 길을 가는 사람에게 아기를 안아 달라고 말을 걸어, 부탁받은 사람이 아기를 안으면 아기가 점점 무거워져서 그 자리에서 꼼짝도 못하게 된다고 한다.

DATA
[출몰 장소] 일본 각지
[키] 1.6m
[특징] 아기를 안고 있는 여자 요괴다. 기모노의 허리 부분부터 아래는 피로 물들어 있다.
[성격] 아기를 남겨 두고 죽은 원통함 때문일까, 슬픈 표정을 짓고 있다.

54 Monsters of the World

3장 요괴 보고 가세요! 일본의 몬스터

> 모습을 보고 무서워하거나 비명을 지르면 배를 가라앉혀 버린다
>
> **포인트**

파도 사이를 떠도는 괴물

우미보즈

위험도 : ●●○○○○○○
레어도 : ●●●○○○○○

DATA
[출몰 장소] 일본 각지의 바다
[키] 3~30m
[특징] 바닷속에서 나타나는 거대한 사람 모습을 한 요괴다. 비늘을 가진 종류도 있다. 배를 침몰시키기도 하는데, 목적은 알려져 있지 않다.

파도도 치지 않는 온화한 바다에 갑자기 나타나는 스님 머리를 한 거대한 검은색 괴물이다. 밤중이나, '바다에 나가면 안 된다.'는 이야기가 있는 특별한 날에 금기를 어기고 배를 띄우면 우미보즈와 마주친다고 전해진다.

과연 그렇구나! 몬스터 칼럼 Column 13

괴물을 쓰러뜨린 영웅들 ❷

요괴 중에서는 인간과 사이좋게 지내거나 아무 해도 끼치지 않는 것들도 있으나, 사람을 공격하고 악행을 일삼는 것들도 많다. 수많은 전설에서 그런 사악한 요괴들을 퇴치하고 평화를 되찾아 준 영웅들의 존재가 전해지고 있다.

▲땅거미와 싸웠던 미나모토노 요리미츠는 괴물을 퇴치한 영웅 중 한 사람이다.

헤이안 시대의 무장 미나모토노 요리미츠(源賴光)는 슈텐도지나 땅거미 등의 거대한 요괴들을 쓰러뜨린 일로 잘 알려져 있다. 요리미츠의 가신인 와타나베 츠나는 교토에 나타난 오니를 퇴치하는 등 홀로 괴물을 퇴치한 공적을 세운 바 있다. 미나모토 요리미츠의 증손자에 해당하는 미나모토노 요리마사(源賴政)도 선조의 뒤를 이어 괴물 퇴치에 활약했다. 활의 명수로 유명했던 그는, 궁전의 상공에 나타난 누에를 퇴치한 일로 유명하다.

후지와라노 히데사토(藤原秀鄕)는 헤이안(平安, 794~1185년) 시대에

일어난 후지와라노 스미토모의
난에서 다이라노 마사카도를
쓰러뜨린 무장이다. 히데사토는
시모츠케 국(현재의 도치기 현)에 나타난
백목귀(111페이지)나, 미카미 산의 거대
지네를 퇴치했다고 한다.
괴물을 퇴치하기 위해 활약했던 건
무장들만이 아니다. 음양사 아베노
세이메이(安倍晴明)는 슈텐도지 토벌에서
미나모토노 요리미츠 일행을 도왔다고
전해지고 있다. 직접 요괴를 퇴치한

▲거대 지네나 백목귀를 쓰러뜨린
후지와라노 히데사토. 활의 명수였다고 한다.

적은 별로 없지만, 어릴 적부터 백귀야행을 목격하는 등 요괴를 감지하는 능력은
무척 뛰어났던 듯하다. 수행을 위해 전국을 떠돌아다니던 승려들이 요괴와
마주쳐, 이 요괴들을 퇴치했다는 전설도 많이 있다. 기슈(현재의 와카야마 현)에 살고
있었던 도코보 유케이라는 승려가 오슈아다치가하라를 여행할 때 바위굴에 살며
여행객을 덮쳐 잡아먹는 무시무시한 귀신 노파와 마주쳤다.
한 발 빠르게 귀신 노파의 정체를 눈치 채고 도망쳤으나 곧 따라잡혀 마침내
잡아먹힐 위기에 처했다. 거기서 유케이는 가지고 있던 관음상의 힘을 빌려
겨우 귀신 노파를 쓰러뜨릴 수 있었다고 한다. 서두에서 소개했던 미나모토노
요리미츠도 슈텐도지를 퇴치하기 위해 가던 중 구마노 산의 신에게 도움을
받았다고 한다. 인간이 요괴나 몬스터를 쓰러뜨리려면, 운이나 신의 힘이
필요할 수도 있다.

즐겁게 노래 부르는 짚신 요괴
55 요괴 짚신

포인트
데구르르 굴러가는 눈과 커다란 입. 사람을 보면 씨익 미소 짓는다.

무로마치(室町) 시대의 『백귀야행회권(百鬼夜行會圈)』에 그려져 있는 짚신 요괴이다. 짚신뿐만이 아니라 나막신이나 샌들, 구두 등의 신발들을 소홀히 취급하면 요괴가 될지도 모른다.

위험도 : ●●○○○
레어도 : ●●●○○

DATA
[출몰 장소] 일본
[키] 24~28cm
[특징] 너덜너덜해진 낡은 짚신이 변한 요괴이다.
[성격] 한밤중에 나타나 현관문 앞에서 노래를 부르기도 한다.

외다리로 폴짝폴짝 뛰어다니는
깽깽 우산

56
Monsters of the World

3장 요괴 보고 가세유! 일본의 몬스터

오래되어 버려진 우산이 변한 요괴이다. 한 개의 눈과 한 개의 다리를 가지고 있으며, 혀를 낼름 내밀고 있다. 찢어지거나 구멍이 뚫려 있기에 비 오는 날에 가지고 나가도 그다지 도움이 되지 않는다.

위험도 : ●●●○○
레어도 : ●●○○○

DATA
[출몰 장소] 일본
[키] 50~60cm
[특징] 낡은 우산이 변한 요괴이다. 우산 동자, 우산 요괴로도 불린다.
[성격] 깡충깡충 뛰어 돌아다니기만 할 뿐 사람에게 해를 끼치지는 않는다.

점프력이 좋아 집의 지붕 정도는 손쉽게 뛰어오른다.
포인트

◀ 염라대왕의 재판 모습. 왼쪽 아래에 있는 업경대로 죽은 자가 생전에 지은 죄가 폭로되고 있다.

3장 요괴 보고 가세요! 일본의 몬스터

> ! 지옥을 다스리는 염라대왕은 재판에서 죽은 자의 죄를 비추는 업경대를 사용한다. 살아생전의 행동이나 생각했던 일까지 모두 공개되기에 거짓말은 금세 들통나고 만다.

거울은 예로부터 불가사의한 마력을 숨기고 있다고 한다.『백설공주』에서도 사람의 언어를 말할 수 있는 마법의 거울이 등장한다. 중국 설화에서는 마물의 모습을 미추는 '조마경'이 있으며, 운외경은 조마경과 같은 힘을 가졌다고 전해진다. 혹시 정체가 드러난 요마가 낡은 거울에 빙의한 것은 아닐까?

SIZE

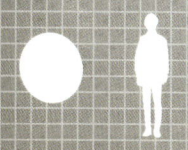

위험도 : ●●●●●
레어도 : ●●●●●

DATA

[출몰 장소] 일본

[키] 불명

[특징] 거울을 보는 자의 진실한 모습을 비추는 마력의 거울 요괴다.

[성격] 어떤 요마의 정체라도 폭로하며, 그러한 행위에 선악의 기준은 없다.

일본의 폴터가이스트
집울림

포인트
어떤 모습인지 인간의 눈에는 보이지 않는다.

강한 바람이 불어닥치며, 지진이 일어난 것도 아닌데 갑자기 집이 흔들리며 삐걱삐걱 소리를 내고, 식기나 가구가 저절로 움직인다. 이것은 '집울림'이라 불리는 요괴의 소행이다. 서양에서는 '폴터가이스트 현상'이라고 부르고 있다. 이 세계에 미련을 남기고 죽은 사람의 영혼이 무언가를 전하고자 하는 것은 아닐까?

3장 요괴 보고 가세유! 일본의 몬스터

SIZE

위험도: ●●●●●
레어도: ●●●●●

DATA
[출몰 장소] 일본
[키] 불명
[특징] 집 안에서 기둥이나 가구를 흔든다. 작은 도깨비 모습을 하고 있을 때도 있다.
[성격] 짓궂은 장난을 좋아하는 요괴, 혹은 강한 원념을 가진 요괴라고도 전해진다.

쿠단은 기근이나 전쟁 등 큰 사건이 일어나기 직전에 태어나 곧 닥칠 재앙에 대해 예언한다. 그 모습을 그림으로 그려 장식해 두면 재앙을 피할 수 있다고 한다.

3장 요괴 보고 가세요! 일본의 몬스터

DATA
[출몰 장소] 일본
[키] 1m
[특징] 소의 몸에 사람의 얼굴을 가진 괴물이다. 소에게서 태어난다. 태어나면 바로 불길한 예언을 하고 죽는데, 탄생의 목적은 알려져 있지 않다.

과연 그렇구나! 몬스터 칼럼
Column 14

재앙을 막아 주는 요괴

사람들 앞에 갑자기 나타나 미래를 예언하는 요괴가 있다. 이들은 대체로 자신의 모습을 그림으로 그려 남겨 두라고 말하며, 매일 그 그림을 바라보면 재앙이 찾아오지 않고 행복하게 살 수 있다고 말하고는 홀연히 사라져 버린다. 미래를 예언하는 요괴 중 가장 유명한 건 '쿠단'이다. 인간의 얼굴에 소의 몸을 하고 있으며 태어나자마자 곧 닥칠 재앙에 대해 예언하고는 며칠 내로 죽어 버린다고 한다. 그 예언은 전부 들어맞으며 절대로 빗나가는 일은 없다고 한다.

그 모습을 그림으로 그려 집에 장식해 두기만 해도 재앙을 멀리할 수 있으며, 집이 번영하고 풍작이 찾아온다.

쿠단은 죽은 뒤 미라로 보존되기도 했는데, 그 미라는 사설 흥행장 같은 곳에서 공개되기도 했다. 실제로 지금도 쿠단의 미라나 박제라는 것들이 있지만, 진짜인지는 알 수 없다. 그 외에도 예언을 하는 요괴로는 '아마비코'라 불리는 요괴가 있다. 에도 시대 히고 국(지금의 구마모토 현)의 바다에 매일 밤 털이 길고 불가사의한 모습을 한 환수가 나타나 "나는 아마비코입니다. 지금부터 6년간은 풍년이 들 것이나, 만일 병마가 유행한다면 나의 모습을 그림으로 그려 다른 사람들에게 전파하십시오." 라고 고했다고 한다. 이와 유사한 예언을 한 아마비에라는 요괴도 있다. 이 요괴는 긴 머리털과 세 개의 다리, 뾰족한

▲ 백택. 이 그림은 여행을 할 때 안전을 위한 부적으로 사용했다.

주둥이에 몸에는 비늘이 달린 기묘한 모습을 하고 바닷속에서 빛나고 있었다. 아마비코, 아마비에는 어쩌면 같은 요괴를 가리키는 것일지도 모른다.

중국에 기원을 둔 '백택'은, 주로 병마에 대한 액막이로 그림이나 조각상을 부적 대신 사용했다는 영수로, 사람의 언어로 말하며 이 세계의 모든 것을 알고 있기에 덕이 높은 왕의 앞에 나타나 지혜를 전해 주었다고 한다. 에도 시대에는 여행 도중에 문제가 생기거나 병에 걸리는 것을 피하기 위한 부적으로 빼놓을 수 없는 필수품이었다.

덧붙이자면 이들의 모습을 그린 그림은 그리 잘 그리지 않아도 괜찮다. 만일 예언을 하는 요괴와 마주친다면, 서툴러도 괜찮으니 그림으로 그들의 모습을 남겨 두는 것을 추천한다.

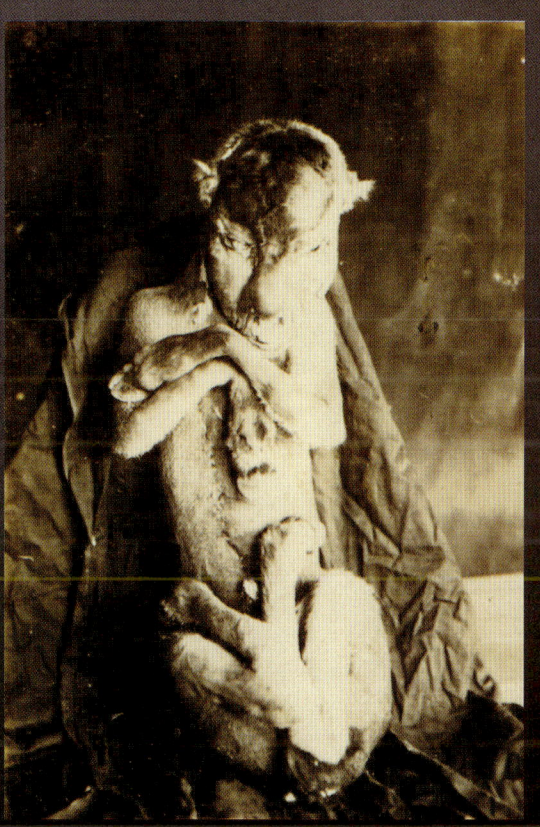

▶20세기에 발견된 쿠단의 미라

3장 요괴 보고 가세요! 일본의 몬스터

액운이 있을지도 모르는 때 나타난다

60 외발 다타라

매년 12월 20일인 '최후의 20일'에, 와카야마 현과 나라 현에 걸쳐 있는 산속에 나타난다. 그 정체는 나이 들어 등에 조릿대가 자라난 거대한 멧돼지가 변하여 생겨난 요괴라고 한다.

위험도 : ●●●●●
레어도 : ●●●●●

DATA
[출몰 장소] 일본 긴키 지방
[키] 불명
[특징] 산속에 사는 외눈에 외발 괴물이다. 산의 주인이 변한 요괴일까? 특별한 날에 나타나서, 금기를 범하고 산에 들어오는 인간을 공격한다.

눈 위에 30cm정도 되는 발자국을 남겨 놓는 일도 있다.

포인트

진귀한 털북숭이 요괴
케우케겐

61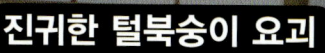

3장 요괴 보고 가세요! 일본의 몬스터

포인트
사실 본체는 털이며, 몸속은 비어 있을지도 모른다.

온몸이 긴 털로 뒤덮인 털투성이 요괴이다. 축축하고 어둑어둑한 마루 밑 등에 숨어 있다. 역병의 신 중 하나라고도 전해지며, 케우케겐이 머무는 집에서는 아픈 사람이 생긴다고 한다.

위험도 : ●●○○○
레어도 : ●●●●○

DATA
[출몰 상소] 일본
[키] 불명
[특징] 전신에 긴 털이 나 있으며, 습한 장소에 나타난다. 민가 등에 살지만, 그다지 사람들에게 모습을 드러내는 일은 없다.

4장 정말로 존재했다!
거대한 몬스터

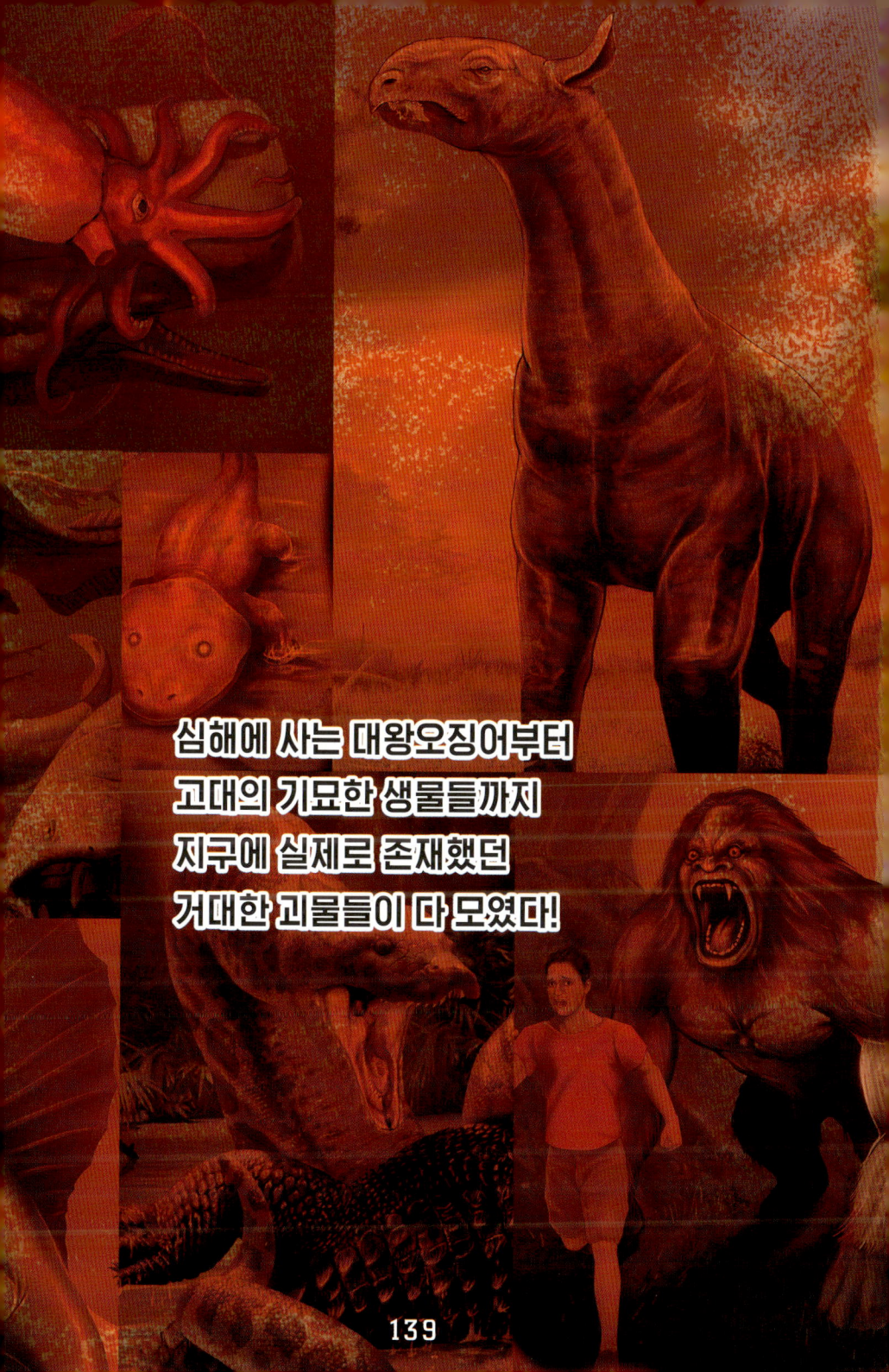

심해에 사는 대왕오징어부터
고대의 기묘한 생물들까지
지구에 실제로 존재했던
거대한 괴물들이 다 모였다!

Monsters of the World 62

심해에 사는 거대 오징어

대왕오징어

포인트
눈의 크기는 대략 30cm에 달한다.

포인트
흡판에는 톱 모양의 가시가 빽빽이 들어차 있다.

수심 650~900m의 심해에 사는 세계 최대 크기의 오징어이다. 2013년에는 물속을 헤엄치는 모습이 영상으로 촬영되었다. 눈이 커서 빛이 그다지 닿지 않는 심해에서도 활동이 가능하다.

4장 정말로 존재했다! 거대한 몬스터

SIZE

위험도: ●●●●○
레어도: ●●●●●

DATA
[출몰 장소] 세계 각지
[키] 6~20m
[특징] 심해에 사는 세계 최대의 연체동물. 두 개의 긴 촉수로 먹이를 붙잡아 포식한다. 천적은 향유고래이다.
[성격] 온순하지만 탐욕스럽다.

과연 그렇구나! 몬스터 칼럼
Column 15

크라켄의 전설

바다에 사는 거대한 마물로 예로부터 공포의 대상이 된 몬스터가 바로 크라켄이다. 오징어나 문어와 비슷하다는 점에서, 사실 그 정체는 대왕오징어가 아닐까 추측해 볼 수 있다.

크라켄은 옛 북구 신화에 등장해 '바다의 마물'로도 불렸다. 무수히 많은 긴 다리로 배를 칭칭 포박하여 눈 깜짝할 사이에 배를 부수고 사람과 배를 바닷속으로 끌고 들어간다고 전해진다. 바람도 불지 않고 파도도 없는 조용한 바다에 갑자기 수면이 거칠어진다면, 크라켄이 나타날 징조이다. 중세 유럽의 『박물지(博物誌)』에서는 크라켄이 먹물을 뿜으면 주변 바다가 시커멓게 물든다고 기술하고 있다.

또한 항해 길에 본 적 없는 무인도에 도착해 몇 시간가량 머문 뒤 섬을 떠나니 섬이라고 생각했던 땅이 사실 크라켄의 몸의 일부분이었다는 이야기도 있을 정도이다.

▲2006년에 오가사와라 제도에 모습을 드러낸 대왕오징어

크라켄은 전설뿐만 아니라 최근까지도 목격했다는 이야기가 나오고 있다. 1930년대에는 노르웨이 해군 전함이 크라켄에게 공격당했다. 촉수를 선체에 칭칭 얽어맨 것까지는 좋았는데, 스크류에 상처를 입고는 그대로 달아나 버렸다고 한다.

또한 항해 역사상 가장 큰

미스터리라고 불리는 '메리 셀레스트 호 사건'에도 크라켄이 연관되었다는 추측이 있다. 1872년, 포르투갈의 해안 부근을 떠돌다가 발견된 메리 셀레스트 호는 불가사의하게도 선원이 모두 사라지고 없었다. 선원들이 실종된 건 사실 크라켄의 공격을 받아 그들 모두가 바닷속 고기밥이 된 건 아닐까 하는 이야기가 있다. 이 사건의 진상은 아직까지도 밝혀지지 않았다.

지금까지 지구상에 존재하는 동물 가운데 가장 크다고 알려진 건, 몸길이가 33m에 달하는 대왕고래이다. 정확한 크기는 알려져 있지 않으나 만일 크라켄이 실제로 존재하며 대왕오징어와는 다른 생물이라면, 지구상에 아직 알려지지 않은 거대한 크기의 생물이 되는 셈이다.

▶배를 습격하는 크라켄의 상상도

4장 정말로 존재했다! 거대한 몬스터

갑옷 같은 뼈를 가진
둔클레오스테우스

포인트 마치 철로 만든 투구를 쓴 것처럼 견고한 머리

포인트 피부는 부드러운 연골 등으로 이루어져 있다.

◀ 둔클레오스테우스의 머리 부분. 갑옷같이 단단한 뼈가 판처럼 덮여 있다. 이빨로 보이는 부분도 뼈의 일부이다.

4장 정말로 존재했다! 거대한 몬스터

대략 4억여 년 전, 데본기의 바다에 서식했던 거대한 괴어이다. 머리 부분은 갑주와 같은 단단한 뼈가 보호하고 있으며, 엄니처럼 날카롭고 뾰족한 턱을 가지고 있다. 강력한 턱으로 먹이를 뼈째 씹어 삼킨 후, 소화하기 힘든 부분은 나중에 뱉어낸다. 데본기 말에 멸종했다.

> ! 둔클레오스테우스는 멸종한 판피류(板皮類)라는 물고기 종류에 속한다. 머리부터 어깨에 걸쳐 단단한 골판으로 덮여 있으며, 각각의 뼈는 문의 경첩 같은 관절로 이어져 있었다.

SIZE

위험도 : ◆◆◆◆◆
레어도 : ◆◆◆◆◆

DATA
[출몰 장소] 북아메리카, 북아프리카
[키] 6m
[특징] 머리 부분이 단단하며 턱 안쪽은 날카롭고 뾰족하다.
[성격] 높은 방어력과 공격력을 함께 갖추고 있으며 매우 흉폭하다.

Monsters of the World 64

들쭉날쭉 톱니처럼 생긴 이빨이 나 있다.

포인트

멸종한 고대의 거대 상어

메갈로돈

1918년, 오스트레일리아의 뉴사우스웨일스 주 근처 바다에서 30m가 넘는 거대 상어가 목격되었다. 이는 1800만 년 전 생존했던 메갈로돈의 후예일지도 모른다는 이야기가 있다. 멸종했을 이 거대 상어는 아직 이 지구상에 존재하고 있는지도 모른다.

> **!** 메갈로돈의 이빨 화석은 일본에서 '텐구의 발톱석'이라고 불리며 절의 보물로 소중히 보관되었다. 어른 손바닥만한 사이즈의 매우 큰 화석이다.
> MEMO

4장 정말로 존재했다! 거대한 몬스터

SIZE

위험도 : ●●●●●
레어도 : ●●●●●

DATA
[출몰 장소] 세계 각지
[키] 15m
[특징] 역사상 가장 큰 상어다. 고래를 공격해 잡아먹었다고 한다. 먹이를 추격해 날카로운 이빨로 물어뜯어 먹어 치운다.
[성격] 육식성이며 흉포하다.

▲10cm가 넘어가는 메갈로돈의 이빨. 이런 이빨에 공격당하면 단 한순간도 버티지 못할 것이다.

Monsters of the World 65

물에서 자유자재로 움직이기 위해 다리가 지느러미처럼 발달했다.

포인트

백악기 바다의 사냥꾼

틸로사우루스

위험도 : ●●●●○
레어도 : ●●●○○

약 8500만 년 전 백악기 후반에 서식했던 해양 파충류이다. 부리처럼 생긴 가늘고 긴 턱에는 날카로운 이빨이 빼곡히 나 있었다. 무척 탐욕스러워서 작은 공룡 정도는 그대로 한입에 삼켜 버렸다고 한다.

DATA
[출몰 장소] 세계 각지
[키] 14m
[특징] 얕은 바다에 사는 대형 파충류의 일종이다. 부리처럼 생긴 턱을 가지고 있다.
[성격] 탐욕스러우며 매우 사납다. 거대한 입을 벌려 사냥감을 통째로 삼켜 버린다.

뱀처럼 생긴 고대의 해양 포유류

바실로사우루스

대략 4천만 년 전까지 서식했던 원시 고래의 일종으로, 바다뱀 등의 파충류와 비슷하게 생겼으나 포유류이다. 헤엄치는 건 그리 능숙하지 못했을 것으로 추정된다.

위험도 : ◆◆◆◇◇
레어도 : ◆◆◇◇◇

DATA
[출몰 장소] 세계 각지
[키] 20m
[특징] 신생대 에오세의 포유류이다. 육식성으로 상어 등 대형 어류를 공격해 포식했다.

66 Monsters of the World

4장 정말로 존재했다! 거대한 몬스터

포인트
지느러미가 작아서 헤엄치는 건 그리 능숙하지 못했을 것으로 보인다.

사상 최대 크기의 절지동물이었을까?
바다 전갈

68 Monsters of the World

위험도 : ●●●●○
레어도 : ●●●●○

대략 4억여 년 전 실루리아기 바다를 휘젓고 다녔던 육식성 대형 절지동물이다. 물속을 민첩하게 헤엄쳐 다니며 큼직한 집게발로 먹이를 사냥해서는 그 살점을 먹어 치웠다고 한다.

DATA
[출몰 장소] 세계 각지
[키] 최대 2m
[특징] 이름은 전갈이지만 투구게에 근접한 종류로 보여지는 절지동물이다.
[성격] 매우 흉포하다.

포인트
보트의 노처럼 생겨서 힘차게 물을 밀어낸다.

편평한 몸을 한 거대 양서류

쿨라수쿠스

69

Monsters of the World

4장 정말로 존재했다! 거대한 몬스터

몸길이는 5m 정도이지만 몸의 높이가 불과 30cm밖에 되지 않는다. 멸종한 양서류의 일종으로 백악기에 서식했던 것으로 추정된다. 머리 너비는 동체의 2배 정도로, 납작한데 머리만 유난히 큰 기괴한 모습을 하고 있었다.

위험도 : ●●●●●
레어도 : ●●●●●

DATA
[출몰 장소] 오스트레일리아
[키] 5m
[특징] 도롱뇽과 비슷하게 생긴 거대한 멸종 양서류.
[성격] 탐욕스러워서 입에 들어온 건 뭐든지 먹어 치운다.

70

고대의 괴물 지네
아르트로플레우라

포인트
아르트로플레우라가 살았던 석탄기는 지구의 산소 농도가 높아 곤충의 크기가 거대해졌다.

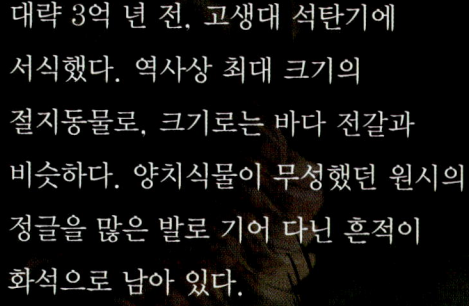

대략 3억 년 전, 고생대 석탄기에 서식했다. 역사상 최대 크기의 절지동물로, 크기로는 바다 전갈과 비슷하다. 양치식물이 무성했던 원시의 정글을 많은 발로 기어 다닌 흔적이 화석으로 남아 있다.

4장 정말로 존재했다! 거대한 몬스터

포인트
체중이 매우 무거워 움직이면 땅이 패일 정도였다고 한다.

SIZE
위험도 : ●●●○○
레어도 : ●●●●○

DATA
[출몰 장소] 북아메리카
[키] 2~3m
[특징] 몸에 20개 이상의 마디가 있으며 지네나 노래기 같은 생김새를 하고 있었다.
[성격] 외견과는 다르게 얌전하고 초식성이라고 한다.

거대 지네 퇴치 전설

일본에는 고대의 거대 지네를 훌쩍 능가하는 괴물 지네가 나타났다는 전설이 도처에 남아 있다. 개중에서도 유명한 게 바로 시가 현 오오츠 시에 전해지는 '미카미 산의 거대 지네' 전설이다. 이는 다이라노 마사카도를 쓰러뜨린 일로도 잘 알려져 있는 무장 후지와라노 히데사토에 얽힌 무용담이다.

어느 날, 히데사토가 비와 호수 근처에 있는 세타가와에 놓인 통칭 '세타의 당교(唐橋)'를 건너려던 때, 사람의 다섯 배 정도 크기의 거대한 뱀이 길게 누워 있었다. 그 무렵, 근처의 마을 사람들은 거대한 뱀을 무서워해 다리에 접근조차 하지 못했는데, 히데사토는 "거추장스럽군."이라고 말했을 뿐, 태연하게 거대한 뱀을 밟고 다리를 건넜다. 그날 밤, 히데사토의 거처에 아름다운 여인이 찾아들었다. 사실 그녀는 비와 호수에 사는 용신의 딸이며, 낮의 거대한 뱀은 자신이 변신한 모습이라고 말했다. 히데사토의 담력이나 조금 전의 태도로 보아 그가 실력 있는 무장이 틀림없다고 보고는, 용신 일족을 괴롭히는 거대 지네 괴물을 퇴치해 달라고 부탁하러 온 것이다. 거대 지네는 비와 호수의 동쪽에 있는 미카미 산에 살며, 그 몸은 산을 일곱 번 하고도 반 바퀴를 감을 정도로 거대하다고 한다. 용신 일족의 부탁을 받아들인 히데사토는 검과 활을 가지고 거대 지네의 거처로 향했다. 싸워 보니 거대 지네의 몸이 너무나 단단하여 보통 화살로는 도저히 당해 낼 수 없었다. 준비해 온 화살이 차례대로 튕겨 나가고, 결국 화살은 마지막 단 한 발만이 남아 있었다. 벼랑 끝에 몰린 히데사토는, 문득 지네나 요괴가 인간의 침에 취약하다는 사실을 떠올렸다. 히데사토는 화살촉에

▲미카미 산을 일곱 번 돌고도 남을 만큼 거대한 지네와 싸우는 후지와라노 히데사토

4장 정말로 존재했다! 거대한 몬스터

침을 묻혀 신께 기도를 올리며 혼신의 힘을 다해 최후의 화살을 쏘았다. 그러자 그 화살은 거대 지네의 이마에 명중해서 깊이 박혔고, 거대 지네는 비명을 지르며 무너져 내렸다고 한다.

이리하여 거대 지네를 퇴치한 히데사토는 그 후 용궁에 초대받아 여러 가지 포상과 함께 '히라이시(避來矢)'라고 하는 갑옷을 받았다. 이 갑옷은 날아드는 화살을 피할 수 있게 해 주는 불가사의한 힘을 가지고 있었다고 전해진다. 또한 이 전설의 무대가 된 세타의 당교 근처에는 거대 지네의 공양을 위해 세워진 '지네 공양당'이 지금도 남아 있다.

'거대 보아뱀(뱀의 일종)'이라는 이름의 티타노보아. 길이는 약 13m, 무게는 1.1톤, 몸 둘레는 1m에 달하는 역사상 가장 큰 뱀으로 알려져 있다. 현재의 뱀이 최대 10m인 걸 생각해 보면 상당한 크기다.

4장 정말로 존재했다! 거대한 몬스터

SIZE

위험도 : ●●●●●
레어도 : ●●●●○

DATA
[출몰 장소] 남아메리카
[키] 13m
[특징] 약 6천만 년 전에 서식했던 사상 최대 크기의 뱀.
[성격] 악어를 한입에 삼켜 버릴 정도로 흉포하다.

72 수수께끼의 대형 포유류
데스모스틸루스

포인트
데스모스틸루스의 두개골은 일본의 기후 현에서 처음으로 발견되었다

위험도 : ●●○○○
레어도 : ●●●○○

DATA
[출몰 장소] 일본, 미국
[키] 3.5m
[특징] 뭉치로 나 있는 이빨이 특징이다. 상세한 습성에 대해서는 아직 알려져 있지 않으나, 바닷가에 살며 움직임은 느릿느릿했다고 한다.

대략 1800만 년 전의 마이오세에 서식했던 해상 동물로 멸종된 포유류이다. 하마와 비슷한 생김새를 하고 있으나, 그 습성에 대해서는 알려져 있지 않다.

등으로 태양열을 모은다

디메트로돈

73

Monsters of the World

4장 정말로 존재했다! 거대한 몬스터

포인트
등에 있는 돛처럼 생긴 돌기로 태양열을 모아 체온을 올렸다고 한다.

위험도 : ●●●○○
레어도 : ●●○○○

DATA
[출몰 장소] 북아메리카
[키] 3.5m
[특징] 등에 닻처럼 생긴 커다란 돌기를 가지고 있다. 공룡보다 훨씬 예전 시대에 살았다.
[성격] 무척 활동적이어서 민첩하게 움직여 먹이를 사냥할 수 있었다.

약 2억 9천만 년 전에 서식했던 포유류형 파충류의 일종이다. 기온에 따라 체온이 변하는 변온 동물이어서, 등의 커다란 닻처럼 생긴 돌기는 체온 조절 기능이 있었다고 한다.

4장 정말로 존재했다! 거대한 몬스터

다리 힘이 무척 강하여 먹이에게 강렬한 발차기를 퍼붓는 일도 있었다고 한다.

포인트

SIZE

위험도 : ●●●●●
레어도 : ●●●●●

대략 4천만 년 전까지 서식했던 멸종된 조류이다. 거대한 부리와 강력한 발톱을 가지고 있으며 엄청난 속도로 먹이를 쫓아 지상을 질주한다. 공룡이 멸종한 후, 지구에서 가장 위협적이었던 새다.

DATA
[출몰 장소] 북아메리카, 유럽
[키] 2.2m
[특징] 지상을 질주하는 대형 조류다. 무척 빨리 달릴 수 있어 사냥감을 놓치지 않았다. 체중은 500kg을 넘는 것도 있었다고 한다.
[성격] 흉포하며 공격력이 무척 강하다.

Monsters of the World 75

정말로 존재했다! 거대한 수인

기간토피테쿠스

포인트
대나무를 즐겨 먹었기에 판다와의 생존 경쟁에서 밀려났다는 설이 있다.

위험도 : ●●●●○
레어도 : ●●●●●

DATA
[출몰 장소] **중국, 인도 등**
[키] **3m**
[특징] 발견된 뼈 크기로 미루어 보아 체격이 고릴라의 2배 정도로 추정된다.
[성격] 잡식성이며 기본적으로 온화한 성격이었던 것으로 보인다.

대략 100만 년 전에 서식했던 역사상 가장 큰 영장류이다. 고릴라의 두 배 정도 되는 체격을 뽐냈다. 수인 빅풋(20페이지)은 혹시 기간토피테쿠스의 후예가 아닐까?

거대한 나무늘보
메가테리움

위험도 : ●●●●○○○○
레어도 : ●●●●●○○○

대략 1만여 년 전까지 서식했던 멸종된 포유류이다. 체중이 약 3톤에 달하는 거대한 몸을 지녔다. 뒷발을 사용해 몸을 세우고 일어나 나뭇잎을 먹었을 것으로 추정된다.

DATA
[출몰 장소] 남아메리카
[키] 6m
[특징] 원시 나무늘보. 나무 위가 아닌 지상에서 살았다.
[성격] 초식성으로 태평스러웠다.

77

지상 최대 크기의 포유류
인드리코테리움

포인트
긴 목을 뻗어 나뭇가지나 나뭇잎을 먹었을 것으로 추정된다.

약 2400만 년 전까지 아시아의 넓은 범위에 걸쳐 서식하고 있었을 것으로 추정되는 포유류. 목이 길고 육중하며, 생김새는 기린이나 말과 비슷하다.

위험도 : ●●○○○
레어도 : ●●●○○

DATA
[출몰 장소] 아시아
[키] 8m
[특징] 역사상 가장 큰 육상 포유류이다. 어깨 높이만 5m에 달했다.
[성격] 온화한 초식 동물. 거대한 몸에 어울리지 않게 빠르게 도망칠 수 있었다.

나이프 같은 엄니를 가진
스밀로돈

78 Monsters of the World

4장 정말로 존재했다! 거대한 몬스터

포인트
긴 엄니로 대형 짐승의 목 부근을 물어뜯어 숨통을 끊었을 것이다.

위험도 : ●●●●○
레어도 : ●●●●●

DATA
[출몰 장소] 미국
[키] 2m
[특징] 10만 년 전까지 서식했다. 고양잇과의 검치호랑이의 일종이다. 큰 엄니와 앞발로 먹이를 사냥했다고 한다.

윗턱에서부터 길게 나 있는 특징적인 2개의 엄니 길이는 약 15cm로, 나이프처럼 날카롭다. 자신의 몸보다 큰 동물에게도 치명상을 입힐 수 있었을 것으로 추정된다.

약 4500만~3600만 년 전에 몽골에서 서식한 육식 동물이다. 그 생태는 잘 알려져 있지 않으나, 뼈 등 단단한 것을 씹어 부술 만큼 무척 강력한 턱을 지닌 것으로 추정된다.

발견된 두개골 크기는 길이 84cm 정도로 거대했다.

포인트

4장 정말로 존재했다! 거대한 몬스터

SIZE

위험도 : ●●●●●
레어도 : ●●●●●

DATA

[출몰 장소] 몽골
[키] 3.5m
[특징] 몸높이는 2m로, 지상 최대의 육식 동물이었다.
[성격] 그다지 적극적으로 먹이를 사냥하는 동물은 아니었던 것으로 보인다.

Monsters of the World 80

거대한 뿔 길이는 2m에 달했다고 한다.

포인트

2m의 뿔을 가진 코뿔소
엘라스모테리움

위험도 : ●●○○○
레어도 : ●●●○○

대략 500만 년 전, 유라시아 대륙의 광대한 초원에서 서식하던 거대한 뿔을 가진 코뿔소이다. 발견된 뼈가 유니콘(84페이지)과 혼동되었던 적도 있다.

DATA
[출몰 장소] 아시아, 유럽
[키] 5m
[특징] 이마에 긴 뿔을 가진 코뿔소의 일종. 초원에서 살고 있었다.
[성격] 초식성이며 온화하다. 공격당하면 그 큰 몸과 뿔로 적을 쫓아 버렸다.

코끼리도 낙타도 아닌 동물
마크라우케니아

낙타 같은 몸에 코끼리처럼 긴 코를 가진 신기하게 생긴 고대의 초식 동물이다. 약 2만 년 전까지 서식했으나 멸종했다.

81

4장 정말로 존재했다! 거대한 몬스터

위험도 : ●●○○○
레어도 : ●●●○○

DATA
[출몰 장소] 남아메리카
[키] 3m
[특징] 낙타 같은 체격에 맥이나 코끼리 같은 긴 코를 가지고 있다.
[성격] 나뭇잎이나 풀을 먹으며 살았다. 얌전한 성격의 소유자이다.

마지막으로

당신은 몬스터와 싸울 수 있을까?

동서고금을 막론하고 이 세상에는 여러 몬스터들이 나타났다고 전해져 왔다. 태곳적부터 존재해 온 것, 아직 그 존재가 확인되지 않은 것, 신화나 전설에 등장하는 것 등 대부분 쉽게는 만날 수 없는 것들이다. 하지만 만에 하나, 실제로 마주친다면 어떻게 하면 좋을까?

싸운다, 혹은 도망친다? 당신이라면 어느 쪽을 택할 것인가.

신화의 영웅들은 타고난 능력으로, 혹은 신들의 도움을 받아 두렵고 강력한 몬스터들에게 맞섰다. 만일 당신에게 타고난 영웅의 피가 흐르고 있다면 싸울지도 모른다. 다만 상대가 어떤 힘을 가지고 있는지는 알 수 없다. 아무것도 준비되지 않은 무방비한 상태에서 도전하는 건 너무나 위험하다.

그렇기에 사전에 몬스터에 대한 지식을 쌓고, 몬스터의 약점이나 습성을 확인하여 대책을 세워야 하지 않을까. 더불어 몬스터를 퇴치하기 위해서는 몬스터 대비용으로 만들어진 특수한 무기나 방어구도 빠뜨릴 수 없다. 이것들을 전부 손에 넣기 위해서도 또 다른 모험이 필요한 경우가 많기에, 늘 몸도 마음도 건강하게 단련하도록 하자.

몬스터 퇴치를 도운 무기 & 방어구

검

기본 무기
성검이나 마검 등
특수한 능력을
가진 검도 있다.

엑스칼리버…『아서왕 전설』에 등장하는 마법검. 칼집에는 불사신으로 만들어 주는 효과가 있어 무적의 검이라고 불렸다.

하르페…그리스 신화에서 헤르메스나 페르세우스가 사용했던 칼. 칼날이 낫처럼 둥글게 휘어져 있다.

클라우 솔라스…'빛의 검'이라는 의미를 가지고 있다. 그 강력한 빛으로 거인들을 물리치는 걸 도왔다고 한다.

아메노하바키리…야마타노 오로치(114페이지)를 쓰러뜨린 검.

네네키리마루…닛코의 산에 사는 '네네'라는 요괴를 쓰러뜨렸다고 하는 거대한 태도(太刀).

▲엑스카리버를 그린 그림. 선택된 사람만이 소유할 수 있다.

◀닛코의 후타라 신사에 보관되어 있는 네네키리마루. 도신의 길이는 2m가 넘는다.

◀미나모토노 요리마사가 누에를 퇴치한 화살의 화살촉 부분

▲궁니르를 든 오딘. 던져도 다시 그의 손으로 되돌아온다고 한다.

창, 활과 화살

창 및 활이나 화살, 해머 등
검 이외의
여러 무기들이 있다

궁니르…북유럽 신화의 최고신 오딘이 가지고 있는 창. 던져서 사용한다. 겨냥한 표적에 반드시 명중한다고 전해진다.

묠니르…뇌신 토르가 가지고 있는 해머이다. 어떤 상대라도 분쇄하며, 천둥을 내리거나 던져서 공격할 수도 있다.

누에를 퇴치한 화살…미나모토노 요리마사가 누에 퇴치에 사용한 화살. 교토의 신메이 신사에 보관되어 있다.

바쥬라…인도 신화의 퇴마용 무기. 다이아몬드처럼 견고하며, 천둥을 다스린다.

방어구

몬스터의 강력한 공격을 방어하기 위해서는 특수한 방어구가 필요하다.

아이기스…대장간의 신 헤파이스토스가 만든 방패이다. 페르세우스가 쓰러뜨린 메두사의 머리를 붙여, 방패를 바라보는 자를 돌로 만들었다는 무적의 방패라고 한다.

하데스의 은신 투구…명계의 신 하데스가 가지고 있는, 뒤집어쓰면 모습이 보이지 않는 투구. 키클롭스가 만든 것이라고도 전해진다.

네메아의 사자의 가죽…헤라클레스가 쓰러뜨린 괴물 사자의 가죽으로, 검이나 화살도 퉁겨 낼 정도의 견고함을 지녔다.

히라이시…무장 후지와라노 히데사토가 거대 지네를 퇴치한 뒤 감사의 표시로 용신에게 받았다고 하는 갑옷. 날아오는 화살에 맞지 않게 해 주었다고 한다.

▲하데스의 은신 투구를 쓴 페르세우스 조각상

그 외

부적이나 마법의 지팡이 등 몬스터 퇴치에 도움이 되는 아이템.

솔로몬의 반지…고대 이스라엘의 솔로몬 왕이 대천사에게 받았다는 반지. 악마를 생각대로 조종할 수 있다고 전해진다.

카두케우스…성스러운 힘이 깃들어 있다고 전해지는 지팡이. 그리스 신화의 헤르메스 신이 가지고 있는 것으로, 닿는 이를 잠들게 한다고 전해진다.

소쿠리…눈이 많은 것을 싫어하는 외눈박이 동자승을 쫓기 위해 집앞에 걸어 두었다. 외눈 괴물들에게 효과가 있을지도 모른다.

뿔 대사…부적 효과가 있다고 전해지는 수호부이다. 귀신의 형상을 하고 있으나 그 정체는 료겐이라는 천태종의 승려라고 한다.

장비를 갖춰 몬스터를 찾아보자!

▲부적 효과가 있는 뿔 대사

◀반지에 새겨진 것으로 알려진 솔로몬의 상징

몬스터 목격 보고서

이름   성별(   ) 연령(   ) 생년월일

- 당신이 몬스터를 목격했을 때, 근처에 다른 사람이 있었습니까?
a. 없었다   b.있었다 (명) 이름 :

- 목격한 날짜   시각

- 날씨

- 몇 시쯤 나타났습니까?

- 목격 장소(주소)
1. 도심지 2.주택가 3.교외 4.시골 5.산속 6.해변 7.기타 (   )
1. 실내 2.실외 3.자동차 안 4.비행기 5.배 6.기타(   )

- 몬스터가 나타나기 전에 어떤 징조가 있었습니까? 만났을 때 어떤 일이 있었습니까?
(예 : 갑자기 하늘이 어두워지면서 번쩍 하고 무언가가 빛났다 등)

- 목격한 몬스터를 그림으로 표현해 봅시다.

• 크기는 어느 정도였습니까?

• 어떻게 움직이고 있었습니까?

• 무언가 말하고 있었습니까? 혹은 어떤 소리를 내고 있었습니까?

• 그 몬스터의 약점은 무엇이라고 생각하나요?

• 목격했던 상황을 상세하게 기록해 둡시다.
(목격 전후 자신의 행동이나 주변 상황, 깨달은 것이나 느낀 점 등을 적어 주세요. 그 후에 조사한 것들도 적어 보세요.)

색 인

	이름	페이지	일러스트 제공
ㄱ	가샤도쿠로	116	아이마 타로
	고르곤	79	nablange
	고트 맨	40	구보타 코지
	구울	99	마에가와 슈이치
	그레이	54	아이마 타로
	기간토피테쿠스	164	니시무라 코타로
	기린	94	nablange
	깽깽 우산	127	니시무라 코타로
ㄴ	네시	24	구보타 코지
	눗페후호후	117	아이마 타로
	닌겐	61	구보타 코지
ㄷ	대왕오징어	140	nablange
	도버 데몬	59	구보타 코지
	둔클레오스테우스	144	SPL
	드래곤	64	미도리카와 미호
	디메트로돈	161	니시무라 코타로
	디이트리미	162	SPL
ㄹ	레비아탄	78	미도리카와 미호
	리저드 맨	36	구보타 코지
ㅁ	마크라우케니아	171	니시무라 코타로
	메가테리움	165	SPL
	메갈로돈	146	니시무라 코타로

	이름	페이지	일러스트 제공
ㅁ	모케레 음벤베	26	nablange
	몽골리안 데스 웜	37	구보타 코지
	미노타우로스	80	미도리카와 미호
ㅂ	바다 전갈	152	니시무라 코타로
	바실로사우루스	149	니시무라 코타로
	바실리스크	68	카드타니
	반어인	77	마에가와 슈이치
	백목귀	113	아이마 타로
	빅풋	20	nablange
ㅅ	샐러맨더	71	nablange
	선더 버드	30	nablange
	세이렌	76	니시무라 코타로
	스밀로돈	167	SPL
	스카이 피시	60	구보타 코지
	스핑크스	88	카드타니
	슬라임	100	미도리카와 미호
	슬렌더 맨	49	구보타 코지
	쓰치노코	42	구보타 코지
ㅇ	아노말로카리스	150	아이마 타로
	아울 맨	50	nablange
	앤드류사쿠스	168	아이마 타로
	야마타노 오로치	114	Kotakan
	에일리언 빅캣	52	nablange
	엘라스모테리움	170	SPL
	오니	108	nablange
	외발 다타라	136	니시무라 코타로
	요괴 짚신	126	니시무라 코타로

	이름	페이지	일러스트 제공
ㅇ	요르문간드	74	nablange
	우로보로스	70	카드타니
	우미보즈	123	니시무라 코타로
	우부메	122	아이마 타로
	운외경	128	아이마 타로
	유니콘	84	마에다 리쿠
	인드리코테리움	166	니시무라 코타로
ㅈ	저지 데빌	53	구보타 코지
	제훙	93	아이마 타로
	좀비	98	니시무라 코타로
	집울림	130	아이마 타로
ㅊ	추파카브라	38	nablange
ㅋ	카마이타치	112	아이마 타로
	케우케겐	137	니시무라 코타로
	콩가마토	32	SPL
	쿠단	132	아이마 타로
ㅌ	텐구	118	nablange
	트롤	101	danciao
	틸로사우루스	148	SPL
ㅍ	프로그 맨	34	nablange
	플라잉 휴머노이드	48	니시무라 코타로
ㅎ	하르피이아	86	니시무라 코타로
	하니 스웜프 몬스터	47	구보타 코지
	헤카톤케이르	92	마에가와 슈이치
	흡혈귀	102	아이마 타로
	히바곤	46	구보타 코지

참고 문헌

「ムー」各号(학연)
「学研ミステリー百科」各巻(학연교육출판)
Jorge Luis Borges 柳瀬尚紀訳『幻獣辞典』(하출서방신사)
草野巧『幻想動物事典』(신기원사)
草野巧『図解 錬金術』(신기원사)
山北篤『幻想生物 西洋編』(신기원사)
望獲つきよ『徹底図解 幻獣事典―神話・伝説を彩ってきた、個性豊かなモンスターたち』(신성출판사)
Apollodoros 高津春繁訳『ギリシア神話』(암파서점)
『ギリシャ神話とオリンポスの神々』(죽서방)
Bram Stoker 平井呈一訳『吸血鬼ドラキュラ』(동경창원사)
柳田國男『妖怪談義』(강담사)
小松和彦『日本妖怪異聞録』(소학관)
常光徹監修『にっぽん妖怪大図鑑』(포플라사)
村上健司『妖怪事典』(매일신문사)
『幻想世界の幻獣・討伐者ベストセレクション決定版』(학연퍼블리싱)
並木伸一郎『ヴィジュアル版 UMA生態図鑑』(학연퍼블리싱)
山口直樹『妖怪ミイラ完全FILE』(학연퍼블리싱)
ヴィジュアル版謎シリーズ『日本の妖怪の謎と不思議』『魔法魔術の謎と不思議』
『超古代オーパーツの謎と真実』『未確認動物UMAの謎と真実』(학연퍼블리싱)
『大ピラミッドと古代エジプトの謎』(학연퍼블리싱)
宮本幸枝『津々浦々「お化け」生息マップ』(기술평론사)
宮本幸枝『日本の妖怪FILE』(학연퍼블리싱)
宮本幸枝『「もしも?」の図鑑・妖怪調査ファイル』(실업지일본사)

사진 제공

ムー編集部／国立国会図書館／フォトライブラリー／井岡寺／つちのこ探検隊

코믹컴

비주얼 미스터리 백과 ❻
몬스터 대백과

저자 미야모토 사치에
역자 김서원
찍은날 2016년 5월 10일 초판 1쇄
펴낸날 2018년 9월 13일 초판 5쇄
펴낸이 홍재철
책임편집 최진선
디자인 박성영
마케팅 김성수·안소영
펴낸곳 루덴스미디어(주)
주소 경기도 고양시 일산동구 무궁화로 43-55, 604호(장항동, 성우사카르타워)
전화 031)912-4292 | **팩스** 031)912-4294
등록 번호 제 396-3210000251002008000001호
등록 일자 2008년 1월 2일

ISBN 978-89-94110-46-2 74300
ISBN 978-89-94110-86-2(세트)

결함이 있는 책은 구입하신 곳에서 바꾸어 드립니다.
값은 뒤표지에 있습니다.

이 도서의 국립중앙도서관 출판시도서목록(CIP)은 e-CIP홈페이지
(http://www.nl.go.kr/ecip)에서 이용하실 수 있습니다. (CIP제어번호 : CIP2016010730)

작품名:『学研ミステリー百科 6巻 モンスター大百科』
宮本幸枝・編・著

Gakken Mystery Hyakka 6kan Monster Daihyakka
© Gakken Plus 2015
First published in Japan 2015 by Gakken Plus Co., Ltd., Tokyo
Korean translation rights arranged with Gakken Plus Co., Ltd.

5분 후

압도적인 '초'단편 반전 소설!

단 5분 으로 뜻밖의 반전을 맛볼 수 있다!

반전과 함께 밀려오는
공포, 감동, 웃음, 그리고 눈물…

▼ 『5분 후 의외의 결말』 시리즈

『5분 후 의외의 결말 ①붉은 악몽』

『5분 후 의외의 결말 ②푸른 미스터리』

『5분 후 의외의 결말 ③백색 공포』(근간)

『5분 후 의외의 결말 ④검은 유머』(근간)

『5분 후 의외의 결말 ⑤노란 희비극』(근간)

코믹컴 전화 031)912-4292 팩스 031)912-4294 루덴스미디어(주)

의외의 결말
시리즈

일본 시리즈 합계 **180만부** 판매 돌파!

학교 도서실에 반납하면
곧바로 누군가 빌려 가는 마성의 책!

- 책이라면 딱 질색인 나도 읽을 수 있었던 책.
  왜? 5분이면 읽을 수 있으니까!
- 만화밖에 안 읽던 우리 아들이 태어나서 처음으로 책을 추천했습니다.
  "엄마! 엄마도 한번 읽어 봐!"
〈일본 독자 서평〉 중에서

2018년 일본
아침 독서 인기 도서
**초등 13위
중등 1위!**

서바이벌 만화 자연상식

국내 판매 천만 부 돌파!
'살아남기' 시리즈!

해저세계에서 살아남기 ❷ (근간)

글 코믹컴 | 그림 네모 | 올컬러

(전 10권)

서바이벌 만화 생태상식

돌연변이의 공격은 아직 끝나지 않았다!
목숨을 건 쫓고 쫓기는 추격전이 펼쳐진다!

글 코믹컴 | 그림 네모 | 올컬러 | 각 권 값 9,500원

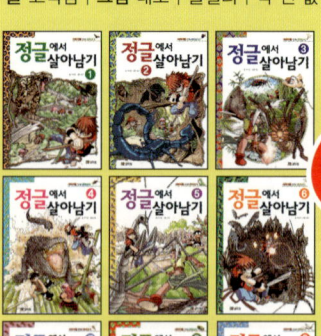

정글에서 살아남기
전 10권 세트

코믹컴 전화 | 031)912-4292 팩스 | 031)912-4294 루덴스미디어(주)